用于国家职业技能鉴定
国家职业资格培训教程
YONGYU GUOJIA ZHIYE JINENG JIANDING
GUOJIA ZHIYE ZIGE PEIXUN JIAOCHENG

劳动保障协理员

（国家职业资格四级）

第2版

编审委员会

主　任　刘　康
副主任　原淑炜　皮德海　王文龙
委　员　明　宏　郭新甫　郎新洲　刘征争　王丹彤
　　　　马小平　项晓云　薛长礼　朴京爱　王艺桥
　　　　柏明茹　陈　蕾　张　伟

编审人员

主　编　薛长礼
编　者　（按姓氏笔画排序）
　　　　于　玲　王　力　王广义　吕广志　安益仁　纪绍霖
　　　　李　杰　李建勋　李新年　杨剑峰　汪美萍　周　宇
　　　　宫文录　谭晓辉　薛若萍
主　审　刘征争　王丹彤
审　稿　朴京爱　刘海涛　闫　欣

中国劳动社会保障出版社

图书在版编目(CIP)数据

劳动保障协理员：国家职业资格四级/中国就业培训技术指导中心组织编写. —2 版. —北京：中国劳动社会保障出版社，2008
国家职业资格培训教程
ISBN 978-7-5045-7331-5

Ⅰ. 劳… Ⅱ. 中… Ⅲ. 劳动就业-社会保障-技术培训-教材 Ⅳ. D669.2 D632.1

中国版本图书馆 CIP 数据核字(2008)第 135507 号

中国劳动社会保障出版社出版发行
（北京市惠新东街1号 邮政编码：100029）
出版人：张梦欣

*

北京市艺辉印刷有限公司印刷装订 新华书店经销
787毫米×1092毫米 16开本 12.5印张 216千字
2008年8月第2版 2011年10月第11次印刷

定价：23.00元

读者服务部电话：010-64929211/64921644/84643933
发行部电话：010-64961894
出版社网址：http://www.class.com.cn

前　　言

为推动劳动保障协理员职业培训和职业技能鉴定工作的开展，在劳动保障协理员从业人员中推行国家职业资格证书制度，中国就业培训技术指导中心在完成《国家职业标准·劳动保障协理员》（2008年修订）（以下简称《标准》）制定工作的基础上，组织参加《标准》编写和审定的专家及其他有关专家，编写了劳动保障协理员国家职业资格培训系列教程（第2版）。

劳动保障协理员国家职业资格培训系列教程（第2版）紧贴《标准》要求，内容上体现“以职业活动为导向、以职业能力为核心”的指导思想，突出职业资格培训特色；结构上针对劳动保障协理员职业活动领域，按照职业功能模块分级别编写。

劳动保障协理员国家职业资格培训系列教程（第2版）共包括《劳动保障协理员（基础知识）》《劳动保障协理员（国家职业资格四级）》《劳动保障协理员（国家职业资格三级）》3本。《劳动保障协理员（基础知识）》内容涵盖《标准》的“基本要求”，是各级别劳动保障协理员均需掌握的基础知识；其他各级别教程的章对应于《标准》的“职业功能”，节对应于《标准》的“工作内容”，节中阐述的内容对应于《标准》的“能力要求”和“相关知识”。

本书是劳动保障协理员国家职业资格培训系列教程中的一本，适用于对四级劳动保障协理员的职业资格培训，是国家职业技能鉴定推荐辅导用书，也是四级劳动保障协理员职业技能鉴定国家题库命题的直接依据。

本书在编写过程中得到辽宁省鞍山市就业服务局等编者所在单位的大力支持与协助，在此一并表示衷心的感谢。

中国就业培训技术指导中心

目　录

CONTENTS　国家职业资格培训教程

第1章 社区劳动力和退休人员信息管理

第1节 信息采集

学习单元1 劳动力资源信息采集

学习目标

能够通过统计调查方法，采集本辖区内劳动力资源基本信息。

知识要求

一、劳动力资源的有关概念

1. 劳动力的定义

所谓劳动力，通常是指一个人的身体即活的人体中存在的、每当他生产某种使用价值时就运用的体力和智力的总和。要理解这个定义，需要把握以下几点：

（1）劳动力是人所特有的

自然界的所有其他能力，不管是风力、电力、磁力，还是现代计算机的高效能力，以及畜力，都不能称为劳动力。

（2）劳动力不能脱离活人而独立存在

劳动力必须存在于活的人体之中，必须以健康和生命作为基础。

（3）劳动力包括体力和智力两个部分

劳动者的躯体活动产生体力，劳动者的头脑活动产生智力。科学技术越发展，智力在劳动力中所占的比例越大。

2. 劳动力资源的定义

劳动力资源是指全部人口中已经或可能参加社会劳动的人口。在统计上，一般采用的计算方法是在劳动年龄人口中扣除丧失劳动能力的人口。

3. 劳动力资源的构成

劳动力资源的数量结构包括下列几个部分（见图 1—1）：

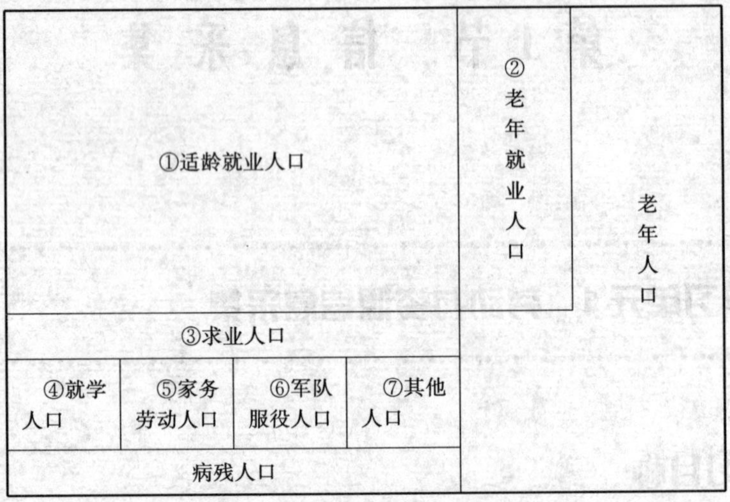

图 1—1 劳动力资源的构成

（1）处于劳动年龄段之内，正在从事社会劳动的人口，它占据劳动力资源的大部分，可称为“适龄就业人口”。

（2）已经超过劳动年龄，还在继续从事社会劳动的人口，即“老年劳动者”或“老年就业人口”。

（3）处于劳动年龄段之内，具有劳动能力并要求参加社会劳动的人口，可称为“求业人口”，即“失业人口”。

（4）处于劳动年龄段之内，正在从事学习的人口，即“就学人口”。

（5）处于劳动年龄段之内，正在从事家务劳动的人口，即“家务劳动人口”。

（6）处于劳动年龄段之内，正在军队服役的人口，即“军队服役人口”。

（7）处于劳动年龄段之内的其他人口，即其他人口。

这七部分中，前三部分是经济活动人口，即现实的社会劳动供给，这是直接的、已经开发的劳动力资源，构成了就业者或“就业人口”的总体。后四部分并未构成社会劳动供给，它们是间接的、尚未开发的、处于潜在形态的劳动力资源。

二、社区劳动力资源统计内容

采用劳动保障统计调查方法，社区劳动保障机构应重点做好辖区内劳动力资源的统计。

1. 社区从业人员统计

（1）从业人员的界定

按照国家劳动和社会保障部（劳社厅函［2003］227号）文件的解释，从业人员是指在法定劳动年龄内，从事一定的社会经济活动，并取得合法劳动报酬或经营收入的人员。其中，劳动报酬达到和超过当地最低工资标准的，为充分就业；劳动时间少于法定工作时间，且劳动报酬低于当地最低工资标准、高于城市居民最低生活标准，本人愿意从事更多工作的，为不充分就业。

（2）从业人员的分类

1）按所在单位性质划分，可分为国有单位（包括国家机关事业单位）、集体、私营、股份制、三资企业和其他从业人员。

2）按就业去向划分，可分为单位就业、自主创业、灵活就业、劳务输出就业、公益岗位就业等从业人员。

3）按产业划分，可分为第一、第二、第三产业从业人员。按照国家统计局的产业划分办法，从2004年起三个产业划分采用新的规定：

第一产业包括农、林、牧、渔业。

第二产业包括采矿业、制造业、电力、燃气及水的生产和供应业、建筑业。

第三产业范围最广，也最复杂，包括除第一、第二产业以外的其他行业，共15小类。具体包括交通运输、仓储和邮政业，信息传输、计算机服务和软件业，批发和零售业，住宿和餐饮业，金融业，房地产业，租赁和商务服务业，科学研究、技术服务和地质勘察业，水利、环境和公共设施管理业，居民服务和其他服务业，教育，卫生、社会保障和社会福利业，文化、体育和娱乐业，公共管理和社会组织，国际组织。

社区从业人员大部分从事第三产业，主要是居民服务业。社区统计调查的重点是对从事居民服务的从业人员的统计调查。

2. 社区新增就业岗位的统计

（1）新增就业岗位的统计计算

1）统计方法公式一为：

新增就业岗位数＝期末城镇从业人数—期初城镇从业人数

各地劳动保障部门会同统计部门和工商管理部门，分别根据各自职能，使用此统计办法对新增就业岗位进行统计，并定期对三类人员进行会审，确定新增就业岗位数。这三类人员，一是单位从业人员，主要由统计部门负责统计；二是私营、个体从业人员，主要由工商管理部门负责统计；三是社区开发的公益岗位和其他灵活形式从业人员，主要由劳动保障部门负责统计。上述三类人员汇总的期末城镇从业人员数减去期初城镇从业人员数，即为新增就业岗位数。

2）统计方法公式二为：

新增就业岗位数＝新增就业人数—离退休人数—企业裁员、关闭破产等原因减少的就业岗位数

劳动保障部门使用此统计办法负责统计，将所有新增岗位数减去自然减员人数（包括离退休人数和企业裁员、关闭破产等原因减少的就业岗位数）即为新增就业岗位数。

（2）相关指标解释

1）单位从业人员。它是指在各级国家机关、政党机关、社会团体及企业、事业单位中工作，并取得劳动报酬的全部人员。

2）私营、个体从业人员。它是指在工商行政管理部门登记、经批准并领取营业执照的城镇私营企业或个体经营者所经营的机构中劳动并领取劳动报酬的帮工、学徒、雇用人员，以及直接参加生产经营管理活动，并从生产经营的赢利中取得劳动收入的私营业主和个体户主。包括离退休后在私营企业从业或从事劳动的人员，还包括个体经营者所经营的机构中户口在农村的人员。

3）公益岗位从业人员。它是指由政府、单位和社区投资，为辖区或本单位提供公共服务和后勤服务的非营利性工作的从业人员。公益岗位大致可分为三类：

一是各级政府投资开发的社会公益岗位，如社会治安、公共交通、绿化环卫、城市设施管理等岗位。

二是由单位出资开发的后勤服务公益岗位，如门卫、卫生保洁以及所属的食堂、招待所等岗位。

三是社区开发的公益岗位，如物业管理、小区保安、清洁卫生、托老托幼、车

辆看管等岗位。当前，重点是开发社区公益岗位，运用再就业岗位补贴和社会保险补贴，妥善安置就业困难群体。

4）以灵活形式从业的人员。即从事非全日制、临时性、季节性工作和弹性工作等，没有固定劳动关系或不便于建立劳动关系的，其劳动报酬不低于当地最低工资标准的从业人员。

5）离退休人员。离退休人员是指按照国家规定的年龄和条件，离开或退出工作岗位，正式办理了离休或退休手续，并享受离休或退休待遇的人员。未达到国家规定的退休条件，但在单位里办理了退休手续的人员（简称内退人员），不列为退休人员；只有经养老保险经办机构承认，并领取养老保险金的，才能统计为退休人员。

3. 社区失业人员的统计

（1）失业人员的界定

失业人员是指在法定劳动年龄内，有工作能力，无业且要求就业而未能就业的人员。其中，虽然从事一定的社会劳动，但劳动报酬低于当地城市居民最低生活保障标准的，视同失业。

（2）失业人员的分类

1）按就业经历划分。可分为就业转失业人员、没有就业经历（新成长劳动力）的失业人员。就业转失业人员，是指新登记的失业人员中从就业状态转为失业状态的人员。没有就业经历（新成长劳动力）的失业人员，是指年满 16 周岁，有劳动能力，从未从事有较为固定收入的工作，当前有就业可能并正在寻找工作的人员，包括未能升学的初高中毕业生、各类大专院校的毕业生、复员转业退伍军人等。

2）按地域划分。可分为城镇失业人员、农村富余劳动力。城镇失业人员，是指有城镇户口，在劳动年龄内，有劳动能力，无业而要求就业的人员。农村富余劳动力，是指由于农村产业领域的拓展速度与农村劳动力的增长速度形成反差，因而导致的劳动力过剩，而需要就业转移的人员。

3）按是否进行失业登记划分。可分为登记失业人员、未登记失业人员。登记失业人员，是指失去工作并在当地劳动保障部门所属的就业机构进行了失业登记的人员。未登记失业人员，是指失去工作但没有在当地劳动保障部门所属的就业机构进行登记的人员。

4）按是否享受社会保障（简称“社保”）待遇划分。可分为享受社保（失业保险金、城市最低生活水平保障金）失业人员、未享受社保待遇失业人员。享受社保失业人员，是指正在领取失业保险金或其家庭享受城市最低生活保障（简称“低保”）的失业人员。未享受社保失业人员，是指未参加失业保险，或者不享受低保的失业人员，也包括参加了失业保险但因企业破产而领取了解除劳动关系自谋职业的一次性安置费或领取了解除劳动合同的经济补偿金，但不享受失业保险待遇或低保的失业人员。

5）按年龄性别划分。可分为大龄失业人员、青年失业人员。大龄失业人员，一般是指女满40周岁，男满50周岁，尚未到法定退休年龄的失业人员。青年失业人员，是指女在40周岁以下，男在50周岁以下的失业人员。

6）按家庭成员划分。可分为一家多人失业人员、单亲失业人员、零就业家庭失业人员。一家多人失业人员，是指共同承担家庭收支责任，共同生活在一个家庭内，有两人或两人以上由就业转失业的家庭成员。单亲失业人员，是指已离婚、丧偶，又承担家庭成员的抚养责任的失业人员。零就业家庭失业人员是指城镇家庭中，所有法定劳动年龄内、具有劳动和就业愿望的家庭成员均处于失业状态，且无经营性、投资性收入的家庭的失业人员。

4. 对社区范围内规模以下单位就业人员统计

2006年6月，劳动和社会保障部下发《关于加强规模以下企业和个体经济组织劳动保障统计工作的通知》（劳社部函［2006］93号），要求街道社区劳动保障工作平台要逐步摸清本辖区内规模以下单位的情况，建立起企业基本情况的统计台账。通过街道社区劳动保障工作人员深入企业开展问卷调查等方式，了解本地区规模以下单位的劳动保障情况。

5. 农村劳动力资源统计

为进一步推进城乡统筹就业，提高全社会的就业率，我国将全面实行城乡一体化的人力资源市场，实现全社会充分就业的目标。目前我国尚未形成统一的农村就业与失业标准，对农村劳动力资源的统计，一些地方做出了有益探索。比如，江苏省苏州市采取社会登记失业率的统计方法，将农村劳动力资源纳入统计范围，综合计算全社会的登记失业率。

三、社区失业就业统计方法和内容

社区失业就业统计的内容较多，主要包括失业人员、新增劳动力、实名制就业、劳务输出、就业困难人员、创业人员及带动就业情况等的统计。在统计过程中，使用较多的方法如下：

1. 人口与劳动力普查

在全国性的有关经济社会普查中，都有一定的失业与就业状况资料。例如，在人口普查中，就有人们的从业或失业状况、所从事的职业类型、所在的行业类型、从业人员的年龄、性别、文化结构等项目；在行业普查中也有从业人员数量与结构等项目。通过全国性或地区性的人口与劳动力普查，筛选出上述相关资料，这些资料成为相当精确的失业与就业数据资料。

2. 人口与劳动力抽样调查

抽样调查是通过统计抽样技术从调查对象总体中选取一部分单位进行观察，从而推断总体状况的科学方法。抽样调查包括纯随机抽样、等距抽样、重点抽样、分层抽样等方法。许多地区的失业与就业数字都是采用经常性的抽样调查方法推算出来的。

3. 日常包楼包户重点调查

摸底调查是建立在社区工作者实行包楼包户分工，并对分工范围内的每家每户劳动力资源情况进行摸底调查，通过简便易行的调查卡片等方式建立档案，比较清楚地掌握了相关人员的失业与就业数据资料。这种调查方法是目前大部分社区经常采用的方法。入户调查使劳动保障协理员熟悉和掌握了社区内失业人员的基本情况，做到人熟，情况也熟，为今后的动态管理打下了基础。大部分社区的失业与就业数字都是运用此方法由社区劳动保障协理员统计汇总出来的。

在掌握基本信息的基础上，劳动保障协理员还要及时掌握辖区内居民失业、就业的动态情况。通常的方法：一是对社区内就业困难人员（城镇零就业家庭成员、低保户和低保边缘户、残疾人等）实行重点动态跟踪调查统计。二是对社区内新增劳动力资源（高校毕业生、复转军人、未继续升学的初中等学历的人员、刑解释放人员等）实行重点动态跟踪调查统计。三是实行社区工作人员包楼包栋的方法，必要时入户调查，及时掌握居民的失业就业最新情况。四是及时了解和掌握本社区内的创业人员及带动就业的情况。

四、少数民族的风俗习惯

中国是拥有 56 个民族的大家庭，历来提倡民族团结，友好相处，互相尊重。为了使劳动保障协理工作顺利进行，工作人员要对当地各民族的风俗习惯及禁忌有所了解，避免不必要的麻烦。下面介绍几个有代表性的少数民族的风俗习惯和禁忌。

1. 蒙古族

蒙古族是热情好客、纯朴豪放、能歌善舞的民族，尊敬长者。蒙古族人十分尊敬客人，见面礼节有献哈达、递鼻烟壶、装烟和请安几种。献哈达要双手捧着，身体前躬，接受者采用相同的姿势。接受其赠物需屈身或单腿跪接。对蒙古族人的赠礼切不可随便拒绝，一定要收下并表示谢意。蒙古族人爱吃奶类和肉类食品及奶茶、炒米。对他们的传统食品即使吃不惯，也不可拒绝，可以象征性品尝一下，点头称赞才合乎其民族礼仪。

禁忌：去蒙古族人的毡房，小孩子不能直接在毡房前下马，要绕到毡房后再下马。进了毡房门后，男人须从右边走到佛龛下面落座，女人则要从左边走，忌讳男女交叉混坐。

2. 藏族

藏族信奉藏传佛教，主要节日有藏历年和望果节。藏族人见客人，习惯伸出双手，掌心向上，弯腰躬身施礼。有的藏族人有点头吐舌的习惯。遇到这种情况，应微笑点头答礼。第一次见面和对待尊贵客人，藏族人会献上洁白的哈达，双手托起，高举过头，哈达越宽越长表示越尊重。藏族人对客人必以酥油茶招待。按照当地习惯，客人喝光杯中的茶，表示不想再喝了，如果要继续喝，就剩下一点在杯中。

禁忌：藏族人忌讳别人在他们面前捂鼻子。家里有病人或产妇时，忌讳有陌生人入内。

3. 回族

回族信奉伊斯兰教，教规与其民族风俗已经融合，多源于《古兰经》的规定。回族人非常爱干净，尤其重视水源清洁，供人饮用的井、泉一律不许牲畜饮用，也不许任何人在附近洗手、洗衣。

回族人外出一定要戴帽子，忌露顶。回族有敬长传统，忌出言不逊。传统节日有开斋节（伊斯兰教历 10 月 1 日）和古尔邦节（伊斯兰教历 12 月 10 日）。又称“宰牲节”和“圣纪节”。

最重要的禁忌：忌食猪肉，不与吃猪肉的人同席，甚至忌讳与猪有关系的任何东西及话题。同时忌食的还有马肉、驴肉、骡肉、狗肉、凶猛禽兽和无鳞鱼。并忌食所有动物的血和自死的东西。

4. 维吾尔族

维吾尔族信奉伊斯兰教，宗教习俗和禁忌与回族人相似，忌食猪肉、驴肉、狗肉、骡肉、骆驼肉，南疆地区还忌食马肉、鸽肉。维吾尔族人十分讲究礼节，走路、交谈、就座、用餐都要先礼让长者。见面的礼节通常是将右手按在胸前，身向前躬，后退半步问候。接受礼物忌用单手，尤忌用左手。交谈时忌吐痰、擤鼻涕、打哈欠等。喝茶一般都有专用杯，其他用品也一样，未经允许不可乱动。维吾尔族人睡觉忌头东脚西。

5. 彝族

彝族传统节日是：冬至节过小年，农历六月二十四日“火把节”过大年，隆重庆祝，最为热闹。各村各户屠牛、杀猪、宰羊，制作蒸馍，祭奠祖先，晚上点燃火炬，在村舍田间举行篝火晚会，开展赛马、斗牛等各项娱乐活动。平时来客不论生人、熟人，都要请进屋内，让其坐于火塘左边客位，特别尊贵者坐于火塘上方。客人坐定，主人立即向火塘加些柴，将火烧旺，接着敬酒装烟。第一杯为寡酒，客人不论会不会喝必须饮下，否则认为轻视主人。为客杀鸡为普通招待，杀羊、宰小猪为上等招待。客人临别要给主人赠送钱物以表谢意。

禁忌：忌被称呼“老彝胞”和“倮罗”，忌用脚踢堂屋中火塘边的“锅庄石”，忌随便用手去摸男人们的“英雄结”或蓄发等。

6. 傣族

傣族传统节日有关门节、开门节、泼水节等，其中，泼水节是傣族最隆重的节日和重要集会。泼水节也称“浴佛节”，是傣族人民古老的传统节日，也是傣历新年，在农历清明节后第七天开始举行，历时 3～4 天。傣族人能歌善舞，孔雀舞、象角舞、芒锣舞驰名中外。

禁忌：忌外人骑马、赶牛、挑担子或蓬乱着头发进寨子，忌不脱鞋就闯入傣家竹楼，忌外人坐在门槛上，忌外人移动火塘上的三脚架及烧柴时不从根部烧起，忌不用火时用脚踩熄，忌用衣服做枕头或垫坐衣服，忌进入佛寺时不脱鞋及摸小和尚的头顶。

7. 傈僳族

傈僳族人热情好客，来客总是热情招待。他们团结互助，村子里谁家有难，大家都来帮助，自己有吃有穿，不能看着他人挨冻受饿。每逢盛大节日，杀猪、宰牛，都要分送全村各户。盖房、婚丧和农忙时，大家互帮互助，不计报酬，主人以酒肉招待。傈僳族同胞尊老爱幼、是非分明、公正无私、勤劳朴实。传统节日有春节、端午节、火把节和阔时节。阳历 12 月 20 日举行的阔时节是傈僳人最隆重的节日。

禁忌：傈僳族忌食不劳而获的东西，忌在墓内葬入铁器和猪毛，忌随便动房角里供奉的“祖先”，忌在堂屋内从火塘上跨过，忌坐门槛，忌用脚去弄火塘及三脚架，忌亲人在丧葬期内吃辣椒，否则是对死者的不敬。

8. 满族

满族的服饰，男子剃去周围头发，束辫并垂于脑后，穿马蹄袖袍褂，两侧开叉，腰中束带，便于骑射。女子在头顶盘髻，佩戴耳环，穿宽大的直统旗袍，足着高底花鞋。

禁忌：忌打狗、忌杀狗，忌吃狗肉，忌用狗皮制品，忌讳戴狗皮帽或狗皮套袖的客人。据说主要是因为狗在满族先人的长期渔猎生活中起到了帮手作用，人们不忍食其肉、用其皮，于是逐渐形成这个习俗。

9. 柯尔克孜族

柯尔克孜族好客，重礼节。两人在路上相遇，要用手抚胸躬腰互相问好。凡有来客，不论是亲戚朋友，还是陌生人，都热情款待。

禁忌：禁食猪肉、驴肉、狗肉和自死牲畜及一切动物的血，严禁在住宅附近大小便，谈话时不能擤鼻涕。忌讳骑快马到门口下马，因为这意味报丧或有不吉利的消息。最忌撒谎、欺骗和诅咒。饭前饭后要洗手，洗手后手上的水不能洒，要用布擦干。做客时，吃东西要留下一点，不能吃尽，以示主人招待丰盛。客人吃饭时，他人不能进屋或窥探。客人告别时，要背朝门退出。

10. 土族

土族人民有重礼仪的传统。尤其注重尊敬长者，如路遇相识的老人，要下马问候。土族人热情好客，忠实守信。客人来时，主人常说："客来了，福来了！"客人在铺有大红羊毛毡的炕上，主人先敬一杯加青盐的浓茯茶，再端上西瓜般大小的"孔锅馍"。若是贵宾，桌上加摆一个插着酥油花的炒面盆，端上大盘手抓肉块，上插一把五寸刀子，酒壶上系一撮白羊毛。喝酒时，主人先向客人敬酒三杯，叫做"上马三杯酒"，不能喝酒的人，用中指蘸三滴，对空弹三下即可免喝。

禁忌：主要有忌吃圆蹄牲畜（马、骡、驴）肉，忌在畜圈内大小便，认为这会影响牲畜的生长；忌讳用有裂缝的碗给客人倒茶，不能问客人"吃饭没有"或"吃不吃饭"等话；在客人面前吵架、打孩子是最大的失礼，会被认为是下逐客令；进土族人家，必须先在院外打招呼，待有人应后，才能入院；年轻妇女的卧室不得随意进入，不能同未婚姑娘开玩笑；忌客人数主人家的羊；在佛堂、大殿内忌吸烟、吐痰、乱翻乱摸和大声喧哗，忌从僧侣的跪垫和其他物品上跨过，忌对酥油灯打喷嚏和咳嗽；在佛堂里转经轮时，必须从左向右，不可逆转；寺院附近禁止打猎和随地大小便。

我国少数民族众多，限于篇幅，仅介绍以上几个少数民族的风俗习惯和禁忌供参考。工作人员在入户调查之前，首先要了解当地各民族的风俗习惯和禁忌，不要冒犯、伤害对方的感情，这样既有利于民族团结，又有利于开展工作。

五、劳动保障协理员文明用语和忌语

1. 日常文明用语

（1）您好，请进（坐）。

（2）请问有什么可以帮您？

（3）请稍候。

（4）对不起，让您久等了。

（5）没关系。

（6）不客气。

（7）不用谢。

（8）有什么问题您尽管问。

（9）我们会尽量帮您。

（10）他（她）不在，我能帮您什么吗？

（11）经办同志不在，请留下联系电话，或改日再来。

（12）请您理解，我们是按照法规（规定、程序）办事的。

（13）您提的意见很好，我们会尽量改进。

（14）我们将在……时间内为您解决。

（15）您慢走，再见。

2. 接听电话用语

（1）您好，这里是……街道（镇）劳动保障所。

（2）请问有什么可以帮助您的？

（3）不要急，请慢慢讲。

（4）对不起，我没听清楚，请重复一遍，好吗？

（5）对不起，您打错了。

（6）对不起，这件事还需要研究一下，请留下您的电话，我们会尽快答复您。

（7）对不起，他不在，有什么事需要我转告他吗？

3. 窗口服务用语

（1）很高兴为您服务。

（2）请您支持我们的工作。

（3）您别急，我很快就会帮您办理。

（4）请出示证件。

（5）请问有没有带齐相关证明材料。

（6）请您先看办事须知（办事程序、受理范围）。

（7）我们很愿意帮您熟悉有关规定。

（8）我们的工作确有不足，谢谢您的宝贵意见，我们会改进的。

（9）这是您需要提供的材料清单，请您备齐。

（10）对不起，您要办的事（在）由……办理。

4. 服务忌语

（1）我不清楚。

（2）这事你问其他部门，不归我们管。

（3）你怎么还不明白。

（4）你不要问我，自己看办事指南。

（5）你说什么，大声点。

（6）你怎么还没听清楚？

（7）你们公司（单位）提供的材料总是不齐全。

（8）你找错地方了，到那边去问。

（9）你自己没弄清楚，还来问我。

（10）这事你找领导去。

（11）你急什么，没见我正忙着吗？

（12）你打错电话了。

（13）我无法回答你。

（14）要下班了，明天再来。

（15）人不在，办不了。

（16）领导说是这样的，就这样办了。

（17）喂，干什么的。

（18）有没有搞错，我们不管这个事。

能力要求

一、社区劳动力资源信息采集的程序

社区劳动力资源信息采集的程序，可根据社区掌握居民基本情况的不同，采用不同的步骤：

对于新成立的社区，大批量地采集社区居民基本情况信息是必不可少的一项重要工作。采集中，可以重点针对劳动力资源的信息加以采集。首先，绘制全部社区居民居住平面图，按楼层、单元、门牌号顺序编号，以便采集一户标注一户。防止有漏访或重复入户情况的发生。其次，确定信息采集的项目、内容、途经，准备好要填写的表卡、问卷等资料。再次，实行社区工作人员包楼包片的方法，进行入户

信息采集。最后，收回信息采集的表卡、问卷，做好信息采集原始记录，为信息整理做好准备。

对于已经掌握大量居民基本情况的社区，可通过现有的公安部门户籍管理档案资料、身份证办理档案资料、人口普查档案资料、失业人员登记档案资料、劳动力资源调查档案资料、失业人员大调查资料等，对社区内劳动力资源情况进行分类采集、调查核实。其中，失业人员等未就业人员、重点服务对象的情况还要入户重新核实。

在日常工作中，要求对社区内就业困难人员、零就业家庭成员、社区内新增劳动力资源等实行重点动态跟踪，所以，可以在日常管理服务和动态跟踪的同时采集变化了的信息。

二、街道社区劳动保障工作人员入户调查工作流程

社区劳动力资源的采集，要通过入户调查等方式，对本辖区内的劳动力资源情况进行摸底调查，摸清社区内各类未就业人员的基本情况，及时全面地掌握他们的就业需求等各项基础信息，建立健全各类基础台账，做到全员登记普查和重点管理相结合，实行劳动力资源动态管理。这是进一步开展个性化服务，促进各类人员充分就业的前提。

失业人员、就业困难群体等重点管理服务对象的基本情况，要在对全社区居民基本情况进行入户到人调查的基础上，才能得到真实准确的数据。由于很多情况在户口本、派出所不能及时变更，所以，基础材料的取得，不能完全照抄居民户口本和当地派出所的户籍卡。在调查摸底过程中，各地普遍采取全面调查和重点调查相结合的模式。在此基础上，建立一套社区各类人员分类管理台账。有条件的地区在建立统一数据库的基础上，做到纸质有台账，计算机有记录，实现了市、区(县)、街道、社区就业工作四级联网管理，做到了“一点登录，多点查询，网络互联，信息共享”。如图 1—2 所示为某街道、社区劳动保障协理员入户调查的工作流程。

【案例 1—1】　建立社区失业人员档案卡方法

S 市 S 区大南街道红巾社区在就业工作实践中总结出建立社区失业人员档案卡的方法。该方法简单便捷、行之有效。

红巾社区有失业人员 770 多名，占居民总数的 10%以上。2005 年以前，社区就业服务人员千方百计跑岗位，为失业人员介绍工作，干得轰轰烈烈。但他们渐渐发现，由于失业人员年龄、经历、文化、技能及身体状况各有不同，所需要的岗位

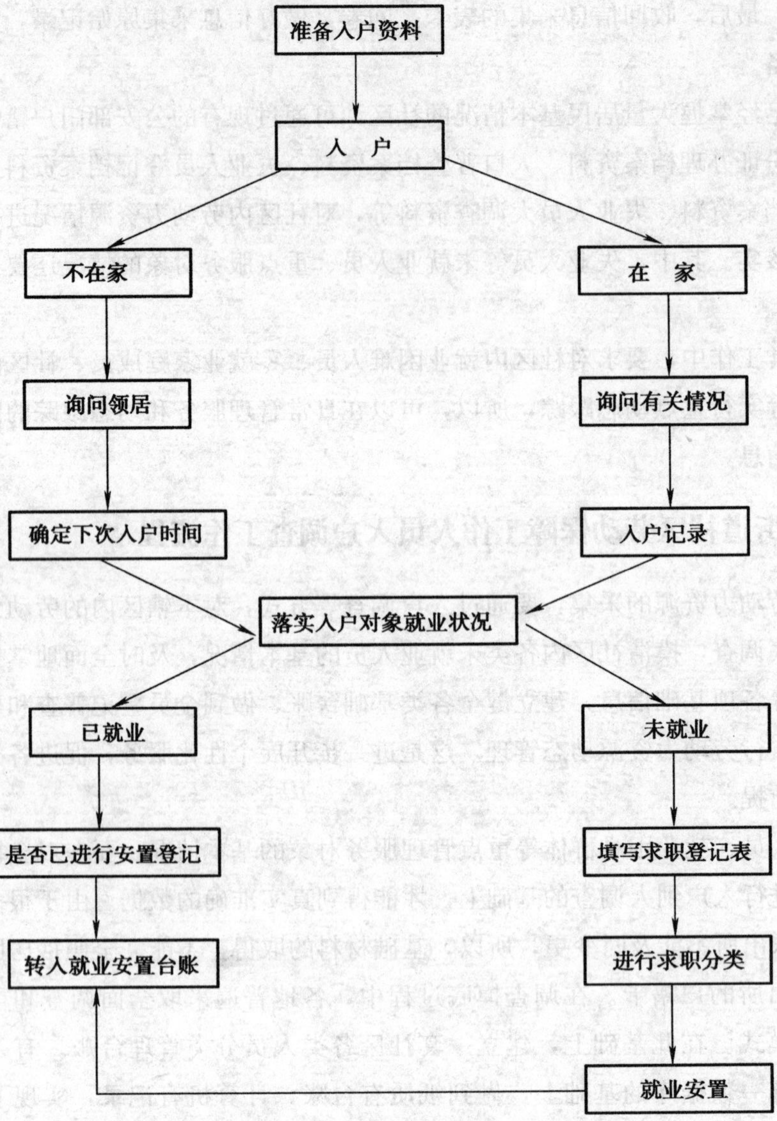

图 1—2　街道社区劳动保障工作人员入户调查工作流程

也不同，如果工作岗位与本人状况不吻合，介绍工作就很少成功，有时即使成功，干的时间也不长。由此得出了一个结论：再就业安置，必须以人为本、有的放矢。

2006 年，社区靠集体的智慧，发明设计了失业人员档案卡（见表 1—1）。社区就业服务人员将失业人员个人相关的 18 项信息登在档案卡上，根据每个人的实际情况，对症下药，落实不同的工作岗位，既让本人满意，又相对保持了工作的稳定。同时，在填报上级各种劳动保障统计报表时，由于档案卡中各种资料一应俱全、参考方便、一查即明，取得了事半功倍的效果。

表 1—1　　　　　　　　　**失业人员档案卡**

姓名	性别	身份证号码	年龄	政治面貌	文化程度	原工作单位	电话	失业证号码	失业时间	优惠证号码	是否求职	是否培训	特长	档案号	领取期限	就业状况	备注

【案例 1—2】　T 市河西区天塔街道坚持全面普查和分类重点管理相结合

一是开展普查，全面掌握辖区各类人员情况。对辖区 2.5 万余户家庭进行全面入户调查，了解掌握辖区内所有劳动力资源的基本状况。二是分类建立台账。建立社区下岗失业人员基本情况信息库、新生劳动力信息库、外来务工人员信息库等 9 大类共 23 本台账，实行动态管理。三是对特殊群体重点管理。单独建立零就业家庭信息库、困难就业信息库，对每户零就业家庭制作了就业跟踪服务卡，按照楼栋号、单元门以一览表的形式一一列出，使零就业家庭成员的就业状况一目了然。

注意事项

劳动力资源信息采集的基本要求和注意事项包括：

1. 直接采集信息要真实准确。对信息采集人直接采集的信息，要注意防止信息伪造，防止采集人对信息带有偏见，防止信息采集过程中出现的数据偏差。

2. 间接采集信息要及时可靠。对间接采集的信息，更要防止信息不真实，因此，重要的信息要注意重新核实，防止信息过时。

3. 采集信息责任要明确。采集信息应有专人负责。信息采集后，信息上报要注明采集人、单位负责人，报出日期、联系电话等。

学习单元 2　就业再就业情况信息采集

学习目标

能够通过社会调查方式，采集本辖区内失业人员的就业再就业、享受就业再就业扶持政策等情况。

知识要求

一、采集失业人员就业再就业情况的主要内容

失业人员就业再就业情况的主要内容包括就业渠道、就业起始时间、就业持续时间、收入情况、劳动合同签订情况、参加社会保险情况、享受社会保险待遇情况等。

二、采集享受就业再就业扶持政策情况的主要内容

享受就业再就业扶持政策情况的主要内容包括享受政策对象身份、个人基础信息、是否享受政策情况、享受政策类别、享受政策起始时间、享受政策期限、享受政策次数、享受政策中存在的问题等。

在《国务院关于进一步加强就业再就业工作的通知》（国发［2005］36 号）的基础上，2008 年《国务院关于做好促进就业工作的通知》（国发［2008］5 号）进一步实施积极的就业政策，扩大了促进就业政策适用对象的范围，对登记失业人员、残疾人、就业困难人员、再就业优惠证持有人员、零就业家庭人员等的就业政策予以明确。

能力要求

一、采集就业再就业情况信息的程序

1. 明确采集目的，熟悉采集表格内容，确定采集时点。

2. 根据现有档案资料，准确登记失业人员姓名、联系电话和家庭住址等基本情况，以备上门核实之用。

3. 采集信息。对失业人员、就业困难人员（城镇零就业家庭成员、低保户和低保边缘户、残疾人等）、社区内新增劳动力资源（高校毕业生、复转军人、未继续升学的初中等学历的人员、刑解释放人员等）等的就业再就业情况通过入户、问卷、登记等方式进行采集，确认其就业再就业状况，采集重点人员的信息时，要实行动态跟踪。

4. 按不同的分类、要求等收集、登记、保存采集信息的原始记录，为信息整理、反馈做好准备。

二、社区就业再就业统计程序

1. 了解统计内容和要求，主要是以上级下发的统计文件为依据，掌握统计项目、统计周期、统计指标和填写说明等。

2. 信息采集调查，收集统计数据。信息采集可以从相关管理台账中收集、汇总有关数据，也可以通过全面调查、重点调查、典型调查或抽样调查等方式完成。

3. 信息整理分析，实施统计。统计时要做到统计口径一致，计算方法统一，信息分类和编码符合标准，按规定项目和内容填写报表，如就业再就业总数、增减变化情况、就业渠道、群体分类等。

4. 统计上报。梳对有关数据，准确无误后，按要求和程序上报报表。

注意事项

1. 就业再就业统计反映的各种数据是各级政府制定新时期就业再就业政策的原始依据。街道、社区基层统计必须做到真实准确，严禁弄虚作假。

2. 就业定期报表上报前必须注明报表人、部门负责人、单位负责人以及报出日期、联系电话等。

3. 街道、社区的就业定期报表汇总上报后，原始信息采集的数据和下级报表应保留3年备查。

学习单元3　规模以下企业从业人员劳动保障信息采集

学习目标

能够调查、采集、核实辖区内规模以下企业的从业人员劳动保障基本情况。

知识要求

一、规模以下企业的划分标准

根据不同行业的特点，国家统计局以从业人数、销售额、资产总额等为指标，按不同标准确定规模以下企业（见表1—2），只要达到其中一项即为规模以下企业。其中，工业企业的销售额以现行统计制度中的年产品销售收入代替；建筑业企业的销售额以现行统计制度中的年工程结算收入代替；批发和零售业企业的销售额以现行报表制度中的年销售额代替；交通运输和邮政业、住宿和餐饮业企业的销售额以现行统计制度中的年营业收入代替；资产总额以现行统计制度中的资产合计代替。

表 1—2　　国家统计局规模以下企业划分标准

行业名称	指标名称	计算单位	标准
工业（采矿业、制造业、电力、燃气及水的生产和供应业）	从业人员数	人	300 以下
	销售额	万元	3 000 以下
	资产总额	万元	4 000 以下
建筑业企业	从业人员数	人	600 以下
	销售额	万元	3 000 以下
	资产总额	万元	4 000 以下
批发业企业	从业人员数	人	100 以下
	销售额	万元	3 000 以下
零售业企业	从业人员数	人	100 以下
	销售额	万元	1 000 以下
交通运输业企业	从业人员数	人	500 以下
	销售额	万元	3 000 以下
邮政业企业	从业人员数	人	400 以下
	销售额	万元	3 000 以下
住宿和餐饮业企业	从业人员数	人	400 以下
	销售额	万元	3 000 以下

二、获取规模以下单位的劳动保障统计数据方法

要从本地区实际出发，因地制宜、分类指导，不断拓宽统计渠道，采取灵活多样、科学有效的统计方法，摸清规模以下单位劳动保障情况。

1. 通过劳动保障行政记录获取统计数据。行政记录是客观反映劳动保障情况的有效途径。通过企业年检、劳动用工登记、劳动保障专项检查、集体合同审查、社会保险参保缴费登记等多种途径，获取规模以下单位劳动保障情况数据，全面掌握规模以下单位就业、培训、社会保险和劳动关系等劳动保障情况。

2. 通过抽样调查获取统计数据。在对规模以下单位难以进行全面统计调查的情况下，采用抽样调查等方法，可以通过科学推算获取总体的统计数据。在抽样调

查过程中，要对不同经济类型和不同行业的规模以下单位进行分组，采取简单随机抽样、对称等距抽样等抽样方法，按照一定的抽样比例进行统计调查。规模以下单位数量少于 10 000 户的城市，抽样比例不得低于 10%；多于 10 000 户的城市，抽样比例不得低于 1%。

3. 通过街道社区劳动保障工作人员入户调查获取统计数据。

4. 通过金保工程的信息网络获取统计数据。

能力要求

规模以下企业从业人员劳动保障信息统计步骤

1. 制定调查方案

调查方案应包括调查时点、调查期限、调查步骤、调查项目、调查要求等。

2. 弄清和熟悉统计指标的口径、范围，明确统计任务和要求

主要统计指标包括企业基本情况、劳动用工、职业培训、劳动合同签订、工资支付、工时休假、劳动关系、社会保险参保与缴费等，要统一口径，统一计算方法。同时，要熟悉、掌握规模以下企业划分标准，掌握统计报表要求，明确统计任务。

3. 获取数据

（1）实施现场调查，登门入户调查取数

通过入户或深入企业，采取“看”“问”“算”等各种形式，查看原始纪录、统计台账，了解本地区规模以下单位就业、培训、社会保险和劳动关系等劳动保障情况。

（2）从日常工作中获取信息

通过从有关部门获得企业年检、劳动保障专项检查、劳动用工情况检查、社会保险参保缴费登记等有关数据，通过开展为单位提供就业、社会保险服务、政策落实服务等工作，获取规模以下单位劳动保障情况数据。

4. 做好记录

无论是现场调查的数据，还是日常工作获取的信息，都要有详细记录，记录要全面、真实。

5. 数据整理、分类、汇总，建立统计台账

对原始记录进行整理、核对，相互印证是否有错误。在此基础上，按一定的分类加以汇总，建立统计台账。

6. 按要求填报各项统计表

按报表规定的统计项目、内容、填写说明等填写报表，并及时按程序上报。

7. 整理归档

按立卷内容、程序和要求归档。

学习单元 4　农村劳动力资源信息采集

学习目标

1. 了解农村劳动力就业政策的基本内容。

2. 能够通过入户、登记等方式，调查、采集、核实本辖区内农村劳动力资源的基本信息。

知识要求

当前农村劳动力就业政策的基本内容

我国农村人口占全国人口的大多数，我国政府高度重视农村的就业问题，坚持走大中小城市和小城镇协调发展的中国特色城市化道路，统筹城乡经济社会发展，调整农业和农村经济结构，扩大农村就业容量，采取多种措施推动农村富余劳动力向非农产业转移，并逐步消除不利于城市化发展的体制和政策障碍，引导农村劳动力合理有序流动。农村劳动力就业主要政策包括：

1. 调整农业和农村经济结构

国家积极调整农业和农村经济结构，大力发展传统种植业以外的农业产业，扩大农业综合开发，提高农业综合效益。国家大力推进农业产业化经营，发展农产品加工、销售、储运、保鲜等产业，延长农业产业链。采取财政、税收、信贷等方面的优惠政策，扶持一批重点龙头企业加快发展。鼓励农业服务组织创新，培育经纪人队伍，全面发展农业社会化服务。国家将发展乡镇企业作为解决农村富余劳动力就业的一条重要出路。

2. 引导农村劳动力合理有序流动就业

目前，我国农村劳动力到乡以外的地方流动就业的人数已超过 1.5 亿人。20 世纪 90 年代后，农民离乡外出就业平均每年以 500 万人左右的规模迅速增加，成为农村劳动力转移的主要渠道。90 年代以来，我国对农民工进城实行“公平对待、合理引导、完善管理、搞好服务”的方针，对农民进城就业加强引导和服务，建立了劳务协作制度、就业服务制度、重点监控制度等有效的管理服务制度，充分发挥政府在信息导向、管理服务方面的职能作用。在此基础上，大力加强公共就业服务机构建设，建立健全劳务用工信息网络，开展用工信息调查并及时分析发布企业用工需求信息。加强农村劳动力职业培训，制定了《2003—2010年全国农民工培训规划》，对6 000万农村劳动力开展引导性培训和职业技能培训。

3. 维护农民工合法权益

我国政府逐步健全对进城务工农民的劳动合同管理，用人单位招用农民工，必须依法签订劳动合同，明确单位和农民工的权利和义务。加强人力资源市场清理整顿，加强对用工单位、中介机构的监督检查力度，加强对工资支付、劳动条件等方面的管理，集中开展农民工权益保障专项执法检查，严肃查处非法职业介绍和编造虚假用工信息坑害农民工的行为，有效维护了农民工合法权益和劳动力市场秩序。积极探索发展农民工社会保险的途径，将社会保险的覆盖范围向农民工延伸，制定了相应的政策法规，积极开展农民工工伤、医疗、养老等社会保险工作。

4. 实施农村劳动力开发就业试点

1991年以来，我国在一些地区实施农村劳动力开发就业试点项目，探索不同自然、经济和社会条件下农村劳动力开发就业的具体途径、实现方式和政策措施，建立与各种就业方式相配套的社会化服务体系和组织管理形式，研究政府统筹管理城乡就业的政策、法规和宏观调控办法，促进农村劳动力就业。目前，以城乡就业统筹、返乡创业、农村劳动力转移培训和推进西部开发就业为主要内容的试点工作，正在全国深入开展。

5. 全面加强各项公共服务

把长期在城市就业、生活的农民工及其亲属纳入城市公共服务范围。向乡村延伸公共就业服务，建立统一的农村劳动力资源管理台账，实现就业、培训的实名制管理。建立省、市、县、乡、村联网的就业服务网络，进一步提高农民工转移就业的组织化程度。

能力要求

农村劳动力信息采集操作程序

我国农村劳动力流动有其客观必然性，信息采集人员要努力掌握其规律，及时采集、发布农村劳动力供求信息，引导农村劳动力顺畅、合理、适度流动。通常的信息采集操作程序有以下几个步骤：

1. 确定农村劳动力信息采集方案

采集方案包括对象、内容、方法、时间等。例如，以可能或实际参加社会劳动的农业户口人员为采集对象，以“农村富余人力资源个人基本信息表”为采集内容，以行政村为单位入户调查。

2. 行政村入户调查

要做好调查前的前期培训工作，对入户调查的村干部或信息员进行全面培训。要深入到每一户被调查家庭，充分核实家庭成员目前的就业状况，确保调查覆盖到位，基础数据真实可靠。集中调查采集的时间应选择在农闲季节、外出务工人员集中返乡等适合农村特点的时间。日常采集要注重调查、核实困难家庭、求职登记人员以及外出务工人员等重点人员的信息变化。

3. 数据录入

将采集的原始信息录入计算机。

4. 信息汇总

汇总时要边分析、边汇总，确保不出现逻辑性数据错误。汇总后要有部门领导复核，单位领导审定，然后才能发布或上报。

学习单元5　退休人员基本信息采集

学习目标

1. 了解退休人员基本信息库（卡）的基本内容。

2. 能够通过入户、登记、座谈等调查方式，调查、采集、核实本辖区内退休人员基本信息库（卡）、养老护理服务需求和养老方式等信息。

知识要求

退休人员基本信息库（卡）的基本内容

为企业退休人员建立基本信息库（卡），是街道社区退休人员社会化管理服务工作最重要的基础工作。基本信息库（卡）的采集项目既要简单实用，又要考虑今后的发展需求，目前至少应包括以下内容：退休人员的姓名、性别、年龄、健康状况、特长爱好等基本情况；基本养老金收入、医疗保险号码等社会保障情况；住址、配偶情况和家庭其他联系人等家庭情况（见表 1—3）。实际工作中，各地根据实际需要对企业退休人员基本信息库（卡）的项目进行了补充和调整。

表 1—3　　××市××街道（社区）退休人员社会化管理服务基本信息表

个人编号：　　　　档案编号：　　　　自管小组：　　　　No.

<table>
<tr><td rowspan="5">基本情况</td><td>姓名</td><td></td><td>性别</td><td></td><td>民族</td><td></td><td>出生年月</td><td></td><td>身份证号</td><td></td><td>政治面貌</td><td></td><td>健康状况</td><td></td></tr>
<tr><td>原工作单位</td><td colspan="7"></td><td>原任职务</td><td></td><td>退休年月</td><td></td><td>档案存放地点</td><td></td></tr>
<tr><td>文化程度</td><td colspan="2"></td><td colspan="2">特长技能</td><td colspan="4"></td><td colspan="2">兴趣及爱好</td><td colspan="3"></td></tr>
<tr><td>发挥作用情况</td><td colspan="13">□从事专业技能服务　□创办经济实体　□从事社会公益活动</td></tr>
<tr><td>特殊人员情况</td><td colspan="13">□新中国成立前参加工作　□70 岁以上高龄　□孤寡老人　□劳模　□特困　□重病</td></tr>
<tr><td rowspan="2">社会保障情况</td><td>基本养老金</td><td colspan="3"></td><td colspan="3">医疗保险号码</td><td colspan="3"></td><td colspan="2">工伤等级</td><td colspan="2"></td></tr>
<tr><td>是否享受低保</td><td></td><td colspan="3">社会保险关系所在地</td><td colspan="3"></td><td colspan="2">参保情况</td><td colspan="4">□养老　□医疗　□工伤</td></tr>
<tr><td rowspan="7">家庭情况</td><td rowspan="3">居住情况</td><td colspan="13">□本地人员　□异地人员　□出国定居</td></tr>
<tr><td colspan="2">户口所在地</td><td colspan="8">市　区（县）　街道（镇）　路　号　室</td><td colspan="2">电话</td><td></td></tr>
<tr><td colspan="2">现居住地</td><td colspan="8">市　区（县）　街道（镇）　路　号　室</td><td colspan="2">电话</td><td></td></tr>
<tr><td rowspan="2">配偶情况</td><td>姓名</td><td></td><td colspan="2">出生年月</td><td></td><td colspan="2">联系电话</td><td colspan="2"></td><td colspan="2">原（现）工作单位</td><td colspan="2"></td></tr>
<tr><td colspan="2">目前状况</td><td colspan="7">□在职　□无职业　□离退休</td><td colspan="2">健康状况</td><td colspan="2"></td></tr>
<tr><td rowspan="2">家庭其他联系人</td><td colspan="2">姓名</td><td colspan="2">关系</td><td colspan="3">工作单位</td><td colspan="2">联系电话</td><td colspan="4">详细地址及邮政编码</td></tr>
<tr><td colspan="2"></td><td colspan="2"></td><td colspan="3"></td><td colspan="2"></td><td colspan="4"></td></tr>
</table>

能力要求

一、退休人员基本信息的采集、核实

1. 接收基本信息。接收上级主管部门或社会保险经办机构转来的企业退休人员基本信息。

2. 初次登记信息。企业退休人员来社区报到时，准确登记其姓名、联系电话和家庭住址等基本情况，以备上门核实之用，并与企业退休人员预约上门时间。

3. 编号。将新报到的企业退休人员按其居住地点划入相应的自我管理和互助服务组织，并对其个人按照编码规则进行编号。

4. 确认上门采集信息时间。企业退休人员有联系电话的，通过电话联系再次确认上门时间。没有联系电话的，以与企业退休人员预约的时间为准。

5. 探访退休人员。与企业退休人员所在的自我管理和互助服务组织小组长联系，一起前往企业退休人员家中，便于今后加强联系。若时间不允许，自己或委托自我管理和互助服务组织小组长前往。

6. 登记基本信息。与企业退休人员面对面交流，核对上级主管部门或社会保险经办机构转来的基本信息；缺少的或不完整的项目，代替企业退休人员逐项填写、登记基本信息库（卡）中的相关项目。填写完成由企业退休人员签字认可。

7. 上交报告。将采集核实的信息与社会保险经办机构移交的信息进行比较后，通过书面形式向上级主管部门或社会保险经办机构报告，指出哪些信息有变更以及变更的原因。待上级主管部门或社会保险经办机构确认后，予以修改。

二、退休人员养老护理服务需求和养老意愿信息的调查

对于退休人员养老护理服务需求和养老意愿信息的调查，可以有两种方式：集中采集和日常采集。需求调查要坚持实事求是、循序渐进、逐步发展的原则。

1. 集中采集

以一定时间为周期进行调查。

（1）制订采集计划。结合当地养老护理员培训情况和养老护理服务工作开展情况，以及掌握的社会养老机构建设情况，制订需求采集计划。确定需求信息的内容、采集方式和时间要求。设计需求调查表，内容应包括养老护理服务项目、收费标准、意愿选择，社会养老机构规模、地点、收费标准、简单介绍以及入住社会养老机构的意愿，不选择养老护理服务或社会机构养老的原因以及退休人员的意见和建议等。

（2）开会部署。召集自我管理和互助服务组织小组长开会，向大家介绍需求调查计划和需求调查表内容，讲解有关项目。研究讨论工作方案和需求采集内容、形式，最终确定需求采集方案。

（3）发放调查表。通过自我管理和互助服务组织分发需求调查表。一般可采取由各自我管理和互助服务组织开会部署的形式，劳动保障协理员要统筹安排各小组会议部署时间，并参加每个小组会议。会议要向企业退休人员讲解有关项目，提出填写要求和回收时间，解答企业退休人员提出的问题。对于行动不便的企业退休人员，劳动保障协理员或委托自我管理和互助服务组织上门进行分发需求调查表，并指导企业退休人员填写。

（4）回收调查表。督促各自我管理和互助服务组织小组长回收调查表。调查表

回收后，与自我管理和互助服务组织小组长一起进行审核，不符合要求的，由自我管理和互助服务组织小组长退还企业退休人员，按要求重新填写。没有按时回收的，要了解原因，能够补填的，尽快补填。

（5）录入信息。将需求采集表逐项录入计算机台账（未实现计算机管理的，逐项登入手工台账）。设计查询检索方式，并进行归类整理。

（6）起草报告。按照归类整理后的结果，起草需求情况报告。内容要包括各类护理服务需求的人数、有意愿入住社会养老机构的人数、不选择护理服务的原因、不选择社会养老机构的原因，并将是否孤寡、养老金水平等指标与选择养老护理服务和入住社会养老机构的实际情况进行关联性分析。

2. 日常采集

主要是在接收、转入企业退休人员时，了解其需求。企业退休人员前来社区报到时，由其填写需求采集表或上门走访时填写。填写后登入计算机台账或手工台账，进行分类整理。定期向劳动保障部门或社会保险经办机构报告需求状况（内容与集中采集报告内容相同）。实现信息化管理，可与企业退休人员进行需求信息即时交互式访问的地区，要定期更新信息发布，及时了解企业退休人员的需求，建立需求数据库。

注意事项

1. 与企业退休人员核实信息要及时，要在当地规定的时间内完成。

2. 上门服务时，要注意与企业退休人员的交流方式，要主动热情、耐心细致、态度和蔼，不要占用企业退休人员太长的时间。

3. 部分养老护理服务是由政府提供护理服务补贴，是面向全体企业退休人员的，这种服务项目不在需求采集的范围之内。

第2节 信息处理

学习单元1 信息整理、校核、分类和汇总

学习目标

掌握信息整理、校核、分类和汇总的基本知识，能够对采集的信息进行校核、分类和汇总，并录入计算机管理系统。

知识要求

一、信息整理的作用和内容

1. 信息整理的定义

信息整理是根据统计工作的需要，对所采集的信息进行科学的分类、汇总和加工，使信息系统化、条理化的过程。通过信息整理，可以揭示现象的总体特征及其规律性，为进一步的统计分析奠定基础。

2. 信息整理的内容

信息整理主要包括对采集的信息进行校核、分类和汇总3个环节。信息校核是对采集的信息进行全面审核，确保信息的质量。信息分类是根据现象的总体特点及统计工作的需要，把总体按一定的标志（即属性或特征）划分为不同的组成部分（即不同的组），把不同性质的单位分开，反映现象总体的内部构成及内部数量关系。信息汇总是对分类后的数据进行汇总和计算，得出各组指标和综合指标。

二、信息校核的原则

1. 完整性

采集的信息是否完整，是否有遗漏和重复。

2. 准确性

调查数据是否有逻辑错误或计算错误。

3. 及时性

调查数据的时间是否滞后，是否具有时效性。

三、信息分类的原则

1. 科学性

全面分析、研究现象的本质，明确现象的属性及内部差别，正确地选择分组标志与划分各组界限。

2. 完备性

采用同一标志进行分组，总体应包括全部组成单位。例如，采用“所有制”这个标志对企业分组，企业这个总体除包括国有企业、集体企业、私营个体企业外，还应包括股份制企业，外商投资企业，港、澳、台投资企业及其他企业。

3. 不相容性

采用同一标志进行分组，不符合标志属性的单位不能纳入总体。例如，采用“所有制”这个标志对企业分组，企业可分为国有、集体、私营个体企业及其他所有制企业。而“生产型企业”“服务型企业”不符合“所有制”标志属性，就不能纳入总体。

四、信息汇总的形式

1. 逐级汇总

逐级汇总是按照一定的统计管理体制，自下而上地对采集的信息逐级地进行汇总。

2. 集中汇总

集中汇总是将全部采集的信息都集中到最高一级机构统一汇总。

3. 综合汇总

综合汇总是把上面两种汇总方式综合起来，一方面对一些最基本的调查信息实行逐级汇总，另一方面又将全部原始资料实行集中汇总。我国的人口普查主要选用这种汇总方式。

能力要求

一、信息校核的程序

1. 完备性检查

检查应调查的单位或个体是否有遗漏，所有的调查项目或指标是否填写齐全，调查表是否有缺报或缺份。

2. 逻辑检查和计算检查

检查调查数据是否真实反映客观实际情况，采用逻辑检查和计算检查。一是检查数据是否符合逻辑，内容是否合理，各项目或数字之间有无相互矛盾的现象。二是检查调查表中的各项数据在计算方法和计算结果上有无错误。

3. 检查后订正

信息校核后对有差错的地方进行改正：对于调查表有缺报、缺份或缺项等情况，应及时补报或补充调查；对于可以肯定的错误要及时更正并通知调查单位或个人；对于存有疑问的数据要进行复核，查出的错误应及时更正；对于错误现象较多的调查表，应该重新填写。

二、信息分类的程序

1. 确定分组的类型

每个现象作为总体单位都具有许多属性和特征，这些属性和特征称为标志。根据统计或研究的需要，按某一标志进行分组，可以将总体区分为性质不同的组成部分，同时也将性质相同或相近的不同总体单位组合在一起，构成一个组。对总体进行分组，首先需要确定分组的类型。

（1）对总体只按一个标志进行分组称为简单分组。例如，某社区失业人员按性别分组，只分为男、女两个组。

（2）在对总体按某一标志分组的基础上，再按另一标志进一步分组称为复合分组。例如，将工业企业先按隶属关系这个标志分组，在此基础上，再按企业规模这个标志进行分组，如图1—3所示。

2. 选择分组标志

反映总体属性差异的标志称为品质标志，“所有制”这个标志反映了不同企业在生产资料占有上的共同属性。选择品质标志分组，可以确定统计或研究的特定对象。反映总体数量差异的标志称为数量标志，如“年龄”这个标志反映了人口在生

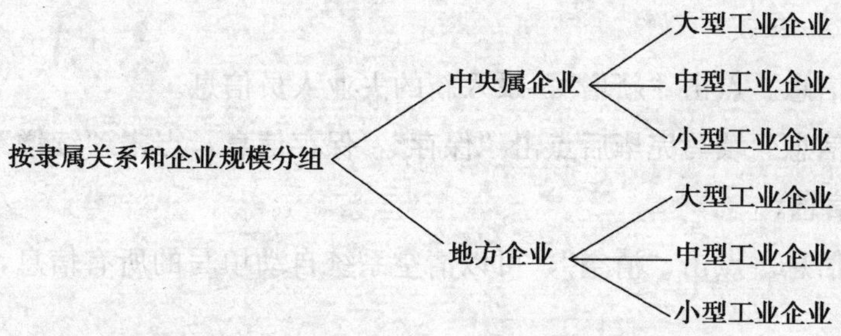

图 1—3　复合分组实例

命时间上的数量差异。按数量标志分组，可以划分各组界限，将总体划分为数量差异的若干组，反映总体内部结构和差异。

三、信息汇总技术的运用

信息汇总具体体现为计数、汇总等计算活动。信息汇总技术分为手工汇总和计算机汇总。

1. 手工汇总

手工汇总一般为基层调查单位采用的汇总技术，可以根据信息资料的具体情况，运用适合的汇总方法。

（1）需要汇总的总体单位数较少，可以采用划记法，就是用点、线或划“正”字的方法，进行分组计算，然后将计算结果填入汇总表。

（2）需要汇总的总体单位不多，分组较简单，可以采用过录法，就是将信息资料过录到事先设计的整理表上，计算出各组的单位及合计数。

（3）需要汇总的总体单位较多，复合分组，可以采用卡片法，就是把每个调查单位的有关信息资料摘录到一张卡片上，利用卡片进行分组和汇总计算。

2. 计算机汇总

计算机汇总具有速度快、精确度高的特点。计算机汇总可分为六个步骤，一是编程序，二是编码，三是数据录入，四是逻辑检查，五是制表打印，六是建立数据库。

四、计算机录入的程序

将采集的信息按基本信息管理的结构内容进行分类并录入计算机管理系统。例如，失业人员信息录入程序如下：

1. 进入管理系统。输入用户代码、用户口令，点击“登录”进入管理系统。

2. 进入业务模块。点击“基础信息管理”→“失业管理”，出现失业管理的功能界面。

3. 录入信息。点击“新增”，录入新的失业人员信息。

4. 保存信息。填写完毕后点击“保存”，保存信息。点击“续增”可以继续录入失业人员信息。

5. 修改信息。点击“清空”，可以清空系统自动填写的所有信息，方便新的信息录入。

6. 结束录入。点击“返回”，返回前一页。点击“退出”，退出系统。

学习单元2　信息动态管理

学习目标

掌握资料管理的基本知识和信息动态管理的基本方法，能够根据对象的情况变化实行动态管理。

知识要求

一、人员信息动态管理的基本方法和注意事项

1. 信息管理

信息是指经过加工处理的对管理活动有影响的数据，如在失业管理中失业人员的失业登记、就业培训、职业介绍等反映失业管理的各项重要数据，这些数据经过分类、整理、分析后就成为对管理活动有用的信息。信息管理就是组织信息有序化交流和利用的活动。

2. 人员信息动态管理的基本方法

劳动保障的人员信息动态管理主要是通过原始记录、台账管理和统计报表等方法来交流和利用信息的过程。

（1）原始记录

劳动保障原始记录是用一定的表式对本区域内的劳动保障活动所作的最初记录，如失业人员登记表、求职登记表、退休人员基本信息表、跟踪服务记录等。原始记录是人员信息动态管理的基础，是开展劳动保障管理活动的依据。

（2）台账管理

劳动保障统计台账是按时间顺序登记和积累原始记录资料的表格，是介于原始记录和统计报表之间的一种资料管理形式，可以系统地积累统计资料，为及时、准确地编报劳动保障统计报表做好准备。

（3）统计报表

统计报表是目前我国政府搜集社会经济资料的主要调查方法。统计报表是经政府有关部门批准制定的，由下而上定期提供资料的一种调查方式，可以用来对社会经济现象进行动态的研究和对比，为政府制定政策和进行决策提供依据。

3. 注意事项

原始记录是劳动保障个人信息动态管理的基础，应做到记录的广泛性、真实性和经常性，内容应简明易懂，便于广大群众填写。台账和统计报表应如实反映人员信息的实际情况，不得伪造篡改，要及时编制和上报，及时准确地反映人员信息的变化情况。

二、资料管理的基本知识

资料管理就是对大量的信息资料按先后顺序进行系统的整理。一是按时间分类，辨别每份资料的年份，同年份的资料归入相应的类别。二是按主题分类，对主题相同的资料进行分类，如文件类、信息类、统计数据类等。三是对资料进行筛选，通过看标题、看来源、看正文决定取舍，提取对工作有指导意义、与业务活动密切相关的、重要和真实的信息资料。四是根据分类和筛选结果，将每个类别资料装入特定颜色的文件夹（文件袋）并在文件夹（文件袋）外加标签来区别类别。按照资料类别的时间、主题、内容做资料索引卡，便于检索使用资料。

三、档案管理的基本知识

档案管理是根据管理的需要，把零散的档案进行分类、组合、排列和编目，使其系统化。档案管理要按全宗（即某一立档单位的全部档案）整理的要求。档案分类是按全宗档案的来源、时间、内容和形式的异同，进行科学的归类。案卷的排列，一般按时间先后（起止时间）及内容涉及的区域等方面进行排序。人事档案可以按姓氏笔画或汉语拼音字母顺序来排列。编制案卷目录必须以全宗为单位，可以一个全宗编一本，也可以一个类别编一本，还可以按保存期限、保密级别分别编制。每一全宗案卷的目录，一般由封面、序言、目次、简称与全称对照表、案卷目录表等组成。案卷目录封面上应写明目录名称、全字号、保存期限、档案单位编目。

能力要求

一、建立服务对象的基础情况档案

1. 建立纸质档案

基础情况档案的内容包括服务对象的各种原始记录如各类登记表，有关单位出具的服务对象的证明材料，劳动保障工作机构为服务对象提供服务的记录等基础信息资料。建立服务对象的纸质档案，首先要对服务对象的基础信息资料进行汇集、整理，并按服务需求将有关信息综合成一份信息资料卡，将整理后的资料装入文件袋（夹），封面加贴标签，按区域（居住地）或人员身份分类归档存放，同时按档案目录、分类目录、人名索引等编制出纸质检索工具。

2. 建立电子档案

将服务对象的纸质档案信息逐步录入计算机网络电子档案系统，建立服务对象基础情况电子档案，同时设计计算机检索路径，实现电子档案的网络检索，建立完善的检索工具体系。

二、建立退休人员基本信息库

1. 填写信息表

向企业退休人员发放基本信息表，说明填写要求和回收时间。退休人员书写有困难的，要协助其填写。

2. 核实内容

回收信息并核实内容。首先检查信息表的答案是否完整、有无漏填或错填项目现象；其次检查信息表内容是否真实，有无明显逻辑错误，对不清楚的答案要进一步核实。

3. 填写汇总表

根据退休人员基本信息表采集的信息，填写退休人员情况汇总表，统计和积累退休人员相关信息。

4. 录入计算机系统

根据工作需要，将退休人员基本信息表采集的信息录入计算机管理系统，建立退休人员基本信息库。

三、动态管理的程序

信息动态管理的程序：收集→整理→存储→利用→反馈。

1. 收集

通过填写登记表、调查、家访等方式，广泛收集个人的劳动保障基础情况及变动情况。

2. 整理

按劳动保障管理的需要，对收集的信息进行分类，如新增失业人员情况、失业人员享受就业优惠政策情况、退休人员的变动情况等，同时对信息的真实性进行校核。

3. 存储

通过建立纸质个人档案和电子档案，建立各类管理台账以及建立基本信息库，对整理后的信息进行存储。

4. 利用

通过填写劳动保障统计报表、编写信息简报、撰写工作总结等方式，及时准确地利用存储的信息。

5. 反馈

根据信息利用的效果和差异反应，及时对存储的信息数据进行调整和修订，如实反映服务对象的情况变化。

四、根据服务对象的情况变化，调整和更新基础情况档案、台账、基本信息库（卡）

1. 失业人员就业情况变化

已进行失业登记的城镇失业人员通过技能培训和职业介绍成功就业、被各类用人单位吸纳、自谋职业（含灵活就业）、自主创业、被社区服务实体吸纳就业等，要及时将新信息补充和更新失业人员个人档案资料，调整失业人员管理台账，如实填写当期统计表。管理台账应对失业人员就业情况的多次变化连续记录，直观反映跟踪管理情况。

2. 享受优惠政策情况变化

享受就业扶持政策对象的基础信息发生变化，如失业人员个人享受税费减免、社保补贴和岗位补贴情况变化，各类企业按规定享受税收减免和社保补贴及有关情况变化，小额贷款对象经营状况及还贷情况变化等，如实修改、填写相关台账和统计报表，真实反映就业优惠政策落实情况。

3. 企业退休人员情况变化

企业退休人员的居住地址、健康状况、生存状况等重要情况发生变化，要及时变更基本信息表登记内容，修订基本信息库相关信息，调整管理台账，并如实填写相关统计表。

学习单元 3 统计台账和统计报表的填写

学习目标

掌握填写统计台账和统计报表的基本知识，能够识读、填写统一的统计台账和统计报表。

知识要求

一、统计报表的结构和种类

1. 统计报表的结构

（1）报表目录

报表目录包括统计报表的表号、名称、报告期别、填报单位、统计范围、报送日期、报送方式等项目。填报单位必须遵照报表目录中的有关内容进行报表的填报和报送。

（2）报表表式

报表的表式是报表的主体部分，主要包括表名、主栏项目、宾栏指标、补充资料、填报单位签章、填报人签名和报送日期等。填报单位必须按照表式制作报表，尽可能地提供表式中所要求填报的资料，并及时上报。

（3）填表说明

填表说明的形式一般有两种：一种是在列完所有表式后，在报表表式的最后列出每一张报表的填表说明；另一种是在每一张报表表式的后面附上相应的填表说明。填表说明一般包括指标解释、注意事项、平衡公式、调查方案等。

2. 统计报表的种类

按调查范围的不同，统计报表可分为全面报表和非全面报表。全面报表要求每一个调查单位填报；非全面报表只要求调查对象的部分单位填报。

按报表报送周期的不同，统计报表可分为日报、旬报、月报、季报、半年报和年报等。

按报表报送方式的不同，统计报表可分为电子报表、电讯报表和邮寄报表。电子报表是通过电子网络系统传送报表资料；电讯报表有电报、电话、传真等，主要用于缺乏电子网络报送报表的地区；邮寄报表一般适用于调查周期较长、指标较多的报表。

按填报单位的不同，统计报表可分为基层报表和综合报表。基层报表是由基层单位（如街道、社区劳动保障工作机构）填报，综合报表由主管部门（如劳动保障局）和国家统计部门填报。

二、常用台账的种类

社区建立的台账一般可分为两大类：一类是各类人员的基础管理台账。如社区劳动力资源总体情况台账、未就业人员台账、登记失业人员台账、就业困难群体台账、退休人员台账等，这些台账人员信息录入时可以按姓氏笔画、汉语拼音字母等加以排列，以便查用。一类是反映各项工作情况的台账，如就业服务情况台账、跟踪回访记录、用工需求台账、求职登记台账、职业培训信息台账、政策落实情况台账等。台账体系应科学合理，简便实用，不是越多越好。台账应能够反映辖区各类人员的总体情况、重点对象分类管理情况，重点对象分类管理应随着工作重点的变化而有所变化。如近年来在国有企业、集体企业下岗失业人员的基础上，对登记失业的高校毕业生、复转军人、失地农民、农民工等群体各方面更加关注，因此，也应根据要求对这些群体建立分类台账。特别要强调，台账不仅应反映“时点”情况，还要能准确反映个体变化情况、动态管理情况以及跟踪服务情况，不仅能反映结果还要能反映过程管理、动态管理情况，体现对服务对象记录一生、跟踪一生、服务一生的情况。反映总体情况与分类管理情况的台账之间有一定关联性，在不同的台账中对同一特定个体的管理应遵循一定的规律性，可以相同的登记号、编号等多种方式建立统一识别代码。目前，国家对台账的种类、项目、内容、样式等没有统一规定，各地根据实际需要建立，差异很大。有的地区已经在全省或全市进行统一规范，有的地区还没有统一，由基层平台自行建立。下面介绍几种常用台账，劳动保障协理员可以参考。

1. 城乡劳动力资源管理台账

城乡劳动力资源管理台账是社区劳动保障机构的基础性台账。可通过填写基本情况登记表、入户调查核实等方式取得原始材料，并实行动态管理，及时更新劳动力资源的变化情况。表 1—4 是某辖区内城乡劳动力基本情况的登记表的实例，基本信息包括辖区劳动力的年龄、性别、文化程度、技能情况、参加社会保险情况、失业情况、就业情况等。

表 1—4　　　　某辖区城乡劳动力基本状况登记表

[A 表]

____市____县（区）____街道（乡镇）____社区（村委）　　　　登记日期：

<table>
<tr><td>身份证号</td><td colspan="3"></td><td>姓名</td><td></td><td>性别</td><td></td><td rowspan="4">相片（近照）</td></tr>
<tr><td>出生年月</td><td></td><td>民族</td><td></td><td>健康状况</td><td colspan="3">□健康或良好　□一般或较弱
□有慢性病　□有生理缺陷
□残废</td></tr>
<tr><td>现居住地</td><td colspan="4"></td><td>邮政编码</td><td colspan="2"></td></tr>
<tr><td>户籍地址</td><td colspan="7">____省____市____县（市、区）____街（镇）____社区（村、居）委</td></tr>
<tr><td>户口性质</td><td>□农业
□非农</td><td>社会保险号</td><td></td><td>失业登记证号</td><td></td><td>联系电话</td><td colspan="2"></td></tr>
<tr><td>文化程度</td><td colspan="8">□文盲　□小学　□初中　□高中　□职业高中　□中专　□技校　□大专　□本科
□硕士　□博士</td></tr>
<tr><td>家庭总人口数</td><td></td><td>已就业人数</td><td></td><td>家庭月均经济总收入</td><td colspan="4"></td></tr>
<tr><td>家庭其他劳动力姓名</td><td colspan="8"></td></tr>
<tr><td>技术专长</td><td colspan="8">本人现具有最高职称或技术等级的工种________，等级________
1. 无　2. 初级技工　3. 中级技工　4. 高级技工　5. 技师　6. 高级技师
7. 初级专业技术职称　8. 中级专业技术职称　9. 高级专业技术职称</td></tr>
<tr><td>人员类别</td><td colspan="8">□新成长　□失业　□下岗　□在职　□离退休　□学生　□农民　□其他____</td></tr>
<tr><td>参加社会保险情况</td><td colspan="8">1. 是否参加社会保险________
①是，具体包括以下哪些险种（□养老保险　□失业保险　□工伤保险　□医疗保险　□生育保险）
②否
2. 目前是否退保________
①是，退保时间____年____月____日
②否</td></tr>
<tr><td>接受就业服务和享受就业再就业优惠政策情况</td><td colspan="8">1. 是否享受过免费职业介绍________
①是　享受次数：　□一次　□两次　□三次以上
②否　原因：□不了解政策　□没有愿望　□其他________
2. 是否享受过公益性岗位援助服务：________
①是　②否
3. 是否享受小额担保贷款：________
①是　贷款金额________万元，发放日期________年________月，贷款期限________月。
②否　原因：　□不了解政策　□没有愿望　□不符合条件　□其他________</td></tr>
</table>

续表

	4. 是否享受社会保险补贴：______ ①是　享受类型：　□养老保险　□失业保险　□工伤保险　□医疗保险　□生育保险 ②否　原因：　□不了解政策　□没有愿望　□不符合条件　□其他______ 5. 是否享受岗位补贴：______ ①是　享受类型：　□从事社区公益性岗位　□其他______ ②否 6. 是否领取再就业优惠证：______ ①是，领取时间：______年______月______日　编号：______ ②否 7. 是否有就业服务人员主动联系提供就业服务：______ ①是　②否

[B表]

就业时填写	1. 最近就业时间：______年______月 2. 就业地区：______市______县（区），属：______　①县区内就业　②跨县区就业 3. 现就业单位：______，从事岗位（工种）______，所在单位行业类型：______；产业类型：______；单位归属：______ 4. 就业途径：______　①通过劳动力市场就业　②自找门路　③其他______ 5. 就业领域：______ （1）从事非农产业：______ ①被雇：□机关　□事业单位　□企业（□国有；□集体；□私营；□联营；□股份有限公司；□外商投资企业；□港、澳、台投资企业；□其他）□个体　□其他______ ②自主创业：□个体经营　□经营民营企业　□其他______ ③灵活就业（具体）______ （2）从事农业：______　①自耕自种　②农业承包　③农业雇工　④其他______ 6. 是否签订劳动合同______ ①是，劳动合同期限______ ②否
失业时填写	1. 农村劳动力填写： （1）本人能否到非农产业工作：______ ①不能　原因：　□需要务农　□其他______ ②能　原因：　□耕地不足　□失去耕地　□其他______ （2）如能从事非农产业，是否可以全年不务农______　①是　②否，原因______ 2. 城镇失业人员填写： （1）本人身份______ ①国有企业下岗职工　②国有企业失业人员　③国有关闭破产企业需安置职工　④领取低保并失业一年以上的其他城镇失业人员　⑤集体企业下岗失业人员　⑥其他______ （2）失业（下岗）：______ ①新成长劳动力　②就业转失业　③大中专（技校）毕业生（毕业半年后未就业）④农转非　⑤复转军人（军属）　⑥其他______ （3）最近失业（下岗）时间：______年______月______日。 （4）原工作单位性质（□国有　□集体　□其他），隶属关系______ ①中央　②省　③计划单列市　④市、地区　⑤县　⑥街道、乡镇　⑦居民委员会　⑧外省市　⑨部队　⑩其他______

续表

	（5）是否办理失业登记________ ①是，办理时间：______年______月______日______ ②否 （6）是否领取失业保险金 ________ ①是，开始领取时间：________年________月，可领取时间________个月 ②否 3. 下列城乡劳动力均填写： （1）目前家庭主要经济来源：____________ （2）是否领取最低生活保障救济：________ ①是，开始领取时间：________年________月，享受低保证号：________ ②否 （3）是否属以下就业援助对象：____________ ①是，就业援助类型：　□城镇零就业家庭　□城镇“4050”人员　□农村贫困户（人均 1 500 元以下）劳动力　□其他就业援助对象 ②否 （4）是否有就业愿望________ ①是。从就业领域上（□从事非农产业　□从事农业）；从就业地区上（□县区内就业　□到县区外就业）；从就业去向上（□被单位录用　□自主创业　□灵活就业　□其他）；从就业岗位上（□公益性岗位就业　□非公益性岗位就业）；从就业途径上（□通过政府帮助实现就业　□自找门路）。 ②不打算就业再就业，原因（□继续学习　□从事家务　□休息　□其他） （5）是否有就业再就业培训意愿____________ ①是，专业工种 ②否，原因________

［C 表］

<table>
<tr><td rowspan="3">学习和培训经历</td><td>起止日期</td><td>学习和培训地点</td><td colspan="2">专业或培训工种</td><td>所获证书</td><td>职业资格等级</td></tr>
<tr><td></td><td></td><td colspan="2"></td><td></td><td></td></tr>
<tr><td></td><td></td><td colspan="2"></td><td></td><td></td></tr>
<tr><td rowspan="3">工作经历</td><td>起止日期</td><td>工作单位</td><td>职务</td><td>工种</td><td>单位性质</td><td>单位归属</td></tr>
<tr><td></td><td></td><td></td><td></td><td></td><td></td></tr>
<tr><td></td><td></td><td></td><td></td><td></td><td></td></tr>
</table>

说明：1. 此表由户籍所在地街（镇）、社区（村、居委）工作人员指导城乡户籍劳动力填写。

2. 首次登记时填写 A、B、C 三张表，就业与失业情况发生变化，在进行失业登记或就业备案时，应再次填表，但只填 B、C 表。

3. 凡项目印有选择内容的，可选择符合选项或在“□”内打“√”。

4. 如有特殊情况，可在“备注”项填写。

5. 表中项目无相应情况可不填写。

在掌握辖区劳动力资源个人信息的基础上，社区劳动保障机构还分别建立辖区城镇劳动力资源管理台账和农村劳动力资源管理台账。

城镇劳动力资源是指本辖区全部城镇人口中已经或可能参加社会劳动的人口，主要包括就业人员和失业人员。就业人员是指在劳动年龄内，有劳动能力，参加社会经济活动取得劳动报酬或经营收入的人口。失业人员是指本辖区城镇居民中进行失业登记的人员，包括从就业转为失业的人员、从学校毕业后未就业的人员、失地无业农民以及政府规定的其他失业人员。城镇劳动力资源管理台账的重点内容是登记人员的年龄、文化程度、技能、就业渠道、失业情况及就业意愿、就业情况及其变化等，见表 1—5“某地城镇劳动力管理台账”。

农村劳动力资源是指本辖区全部农业人口中已经或可能参加社会劳动的人口。表 1—6 为某地农村劳动力基本情况管理台账实例。根据工作需要，社区劳动保障机构也可专门建立农村贫困劳动力管理台账，见表 1—7。

表 1—5　　某地城镇劳动力管理台账

____市____县（区）____街道（乡镇）____社区（村）　　　　年　　季度

项目 / 序号	姓名	年龄	性别	文化程度				职称或技术等级				产业类型			就业情况								失业情况						就业意愿							
				初中及以下	高中、中专、技校	大专、本科	研究生及以上	初级	中级	高级	无	第一产业	第二产业	第三产业	机关、事业单位	国有、集体企业	民营、私营企业	三资企业	自主创业	灵活就业	公益性岗位就业	其他	国有企业下岗失业人员	集体企业下岗失业人员	初、高中毕业未继续升学	大中专以上毕业生	就业转失业	其他	被机关、事业单位录用	被国有、集体企业招用	被非公有制企业招用	自主创业	灵活就业	公益性岗位就业	其他就业	没有就业意愿

表 1—6　　某地农村劳动力基本情况管理台账

____市____县（区）____街道（乡镇）____社区（村）　　　填表时间　　年　　月　　日

编号	姓名	身份证号码	性别	年龄	文化程度	户籍所在地	技能	培训愿望	联系人	联系电话	转移就业意向			已转移就业情况							
											地区	月薪	工种	转移地区	转移时间	转移期限	从事行业	从事工种	月收入	是否签订合同	是否缴纳保险

表 1—7　　农村贫困户劳动力管理台账

_____街道（镇）_____社区（村）　　　　年　　季度

序号	姓名	性别	年龄	文化程度	技术专长		家庭地址及联系电话	家庭人口数	家庭富余劳动力人数	上年度家庭人均年收入（元）	是否有参加技能培训意愿（专业）	是否有外出务工愿望	已转移就业情况			
					工种	等级							起始时间	起始去向	跟踪时间	就业情况
栏次	1	2	3	4	5	6	7	8	9	10	11	12	13	14	15	16

单位负责人：　　　　复核人：　　　　制表人：　　　　日期：　　年　　月　　日

说明：1. 本表中的“农村贫困户家庭”，是指家庭人均年收入 1 500 元以下的经济困难家庭。第一行第 9 项中的“家庭富余劳动力”是指家庭中可转移输出就业的劳动力。

2. 此表由乡镇（街道）、村委（社区）劳动保障工作机构根据调查和农村贫困家庭申请进行登记造册。

3. 第 11 栏直接填需培训专业名称或填“否”。

2. 登记失业人员管理台账

在法定劳动年龄内，有劳动能力，有就业要求，处于无业状态的城镇常住人员，可以到公共就业服务机构进行失业登记。其中，没有就业经历的城镇户籍人员，在户籍所在地登记；农村进城务工人员和其他非本地户籍人员在常住地稳定就业满 6 个月的，失业后可以在常住地登记。登记失业人员管理台账应及时、准确地记录登记失业人员的个人基本信息、失业原因、求职意愿、培训意愿、失业和就业变动情况及接受跟踪服务情况、享受政策等情况变化（见表 1—8、表 1—9、表 1—10）。

表 1—8　　某市登记失业人员管理台账

___市___县（区）___街道（乡镇）___社区（村）　　　　年　　季度

序号	姓名	性别	住址电话	年龄	文化程度	技术专长	失业时间	就业情况											
								就业时间	产业类型			单位类型							
														企业					
									第一产业	第二产业	第三产业	机关	事业单位	国有、集体企业	私营、民营企业	三资企业	其他	个体	其他

表 1—9　　某市登记失业人员跟踪服务登记表（正面）

单位：　　　办事处（乡镇）　　　社区　　　　　　社区编号：

姓名		性别		人员类别		出生年月		民族	
身份证号						联系方式		文化程度	
家庭住址						身体状况		特长	
原工作单位（或毕业院校）						失业时间		原工作单位	
再就业优惠证号			就业困难类别			是否“零就业家庭”		是否 4050 人员	
求职意愿		培训意愿				失业原因		是否享受低保	
参加保险情况		婚姻状况				家庭人数		家庭总收入	
就业记录	工作单位		到岗时间			就业渠道	联系方式		离岗时间

说明：人员类别栏只填写序号（1. 国有或集体下岗　2. 国有或集体失业　3. 大中专毕业生　4. 复转军人　5. 其他）

就业困难人员类别只填写序号（1. 双下岗失业　2. 单亲抚养未成年者　3. 现役军人配偶　4. 县以上劳模　5. 军烈属　6. 残疾人　7. 复转军人）

表 1—10　　某市登记失业人员跟踪服务登记表（背面）

跟踪记录	时间、就业情况、方式	时间、就业情况、方式	时间、就业情况、方式	时间、就业情况、方式	时间、就业情况、方式	时间、就业情况、方式
技能培训	培训时间	培训项目	培训地点	组织单位	培训成绩	是否取证
职业介绍	推荐时间	推荐单位	工种岗位	劳动报酬	推荐结果	被推荐人签名

续表

优惠政策	免税时间金额		贷款金额		反担保形式	
	免费时间金额		贷款时间		反担保人姓名	
	社保补贴时间标准		贷款期限		反担保人工作单位	
	岗位补贴时间标准		经营项目内容		反担保人单位地址	
	医保补贴时间标准		经营场所地址		反担保人联系方式	

3. 零就业家庭管理台账

零就业家庭是指城镇家庭中，所有法定劳动年龄内、具有劳动能力和就业愿望的家庭成员均处于失业状态，且无经营性、投资性收入的家庭。符合条件的家庭，可按照自愿原则，向户籍所在地的街道（乡镇）、社区劳动保障工作机构申请零就业家庭登记认定。具体条件和登记认定程序由地方劳动保障部门规定。被认定的零就业家庭中有一人稳定就业或无正当理由不接受就业援助服务的，在一定期限后不再作为零就业家庭对待。街道（乡镇）、社区劳动保障工作机构应建立零就业家庭登记管理台账（见表 1—11），并及时调整更新，实施动态管理。零就业家庭管理台账的重点内容是零就业家庭的基本信息，家庭收入，人口，家庭成员的失业、就业状况及申报认定，就业援助情况等。

表 1—11　　某市零就业家庭登记名册

______街道（镇）______社区（村）　　　　年　　季度

项目	姓名	性别	年龄	文化程度	技术专长		失业登记证号/再就业优惠证号	社会保险号	享受低保证号	原工作单位性质	家庭地址及联系电话	家庭人口数	家庭生活来源	家庭成员月人均收入（元）	参加职业技能培训要求（专业）	择业意愿	申报时间	登记认定时间	享受援助政策情况	再就业情况			
					工种	等级														起始时间	起始去向	跟踪时间	就业情况
栏次	1	2	3	4	5	6	7	8	9	10	11	12	13	14	15	16	17	18	19	20	21	22	23

单位负责人：　　　　复核人：　　　　制表人：　　　　日期：　　年　　月　　日

说明：此表由街道（乡镇）社区劳动保障工作机构根据调查和零就业家庭申请进行登记造册。

4. 就业困难对象管理台账

就业困难对象是指因身体状况、技能水平、家庭因素、失去土地等原因难以实现就业，以及连续失业一定时间仍未能实现就业的人员。就业困难对象台账的作用是准确掌握本辖区就业困难人员的基本情况、就业情况以及反映社区实施就业援助的具体情况。其基本情况部分的主要内容是就业困难人员的年龄、专业技能、家庭状况等特殊困难情况（见表 1—12 中的 1—16 栏）。台账动态管理的重点是就业困难对象就业情况变化、就业扶持政策落实情况、跟踪服务情况、困难情况等情况及其变化（见表 1—13、表 1—14）。

表 1—12　　某市就业困难人员登记名册

________街道（镇）____社区（村）　　　　年　　季度

项目	姓名	性别	年龄	文化程度	技术专长		失业登记证证号/再就业优惠证证号	社会保险号	家庭地址	联系电话	失业前单位性质	下岗或失业	失业时间（年月）	培训意向	择业愿望	享受扶持政策情况	再就业情况	
					工种	等级											时间	去向
栏次	1	3	4	5	6	7	8	9	10	11	12	13	14	15	16	17	18	

单位负责人：　　　　复核人：　　　　制表人：　　　　日期：　　年　　月　　日

说明：此表为街道（乡镇）社区对就业困难人员进行登记造册。

表 1—13　　某市就业困难人员跟踪服务管理台账（正面）

序号	姓名	性别	身份证号	文化程度	就业困难类型	原工作单位	原工种（岗位）	优惠证号	优惠证当地号	特长（技术）	求职意向	培训意向

就业困难类型只填写编号：1. 4050　2. 双下岗失业　3. 单亲抚养未成年者　4. 现役军人配偶　5. 县以上劳模　6. 军烈属　7. 残疾人　8. 复转军人　9. 零就业家庭

表 1—14　　　　某市就业困难人员跟踪服务管理台账（背面）

第一次跟踪时间	服务内容	就业情况	第二次跟踪时间	服务内容	就业情况	第三次跟踪时间	服务内容	就业情况	第四次跟踪时间	服务内容	就业情况	帮扶人

5. 用工信息管理台账

用工信息管理台账的作用是及时掌握本辖区内用人单位的用工需求情况、及时推荐、组织失业人员应聘上岗。其主要内容是用人单位用工需求及岗位条件情况，见表 1—15。台账动态管理的重点是岗位的变化及信息的有效期，见表 1—16。

表 1—15　　　　某市用工信息管理台账

登记日期：　　年　　月　　日

招聘岗位	要求专业/工种			招聘地区范围	用工形式	招聘人数			招聘条件			试用期限	最低月薪	工作班次	工作地区	报名日期	招聘方式	面试地址	信息有效期
	名称	等级	年限			总数	男性	女性	年龄		文化程度								
									自	止									

表 1—16 某市岗位开发使用管理台账

____市____县（区）____街道（乡镇）____社区（村）　　　　年　　季度　　　　单位：个、人

项目 单位名称	就业岗位安置情况														计划新增空缺岗位变动情况										
	上期末实有安置就业人数	本季度累计新安置就业人数										本季度累计减少就业人数		期末实有安置就业人数	本季度累计新增岗位数量	下季度计划新增空缺岗位数	按岗位属性划分					按职称和职业技术等级划分				
			下岗失业人员			城镇新成长劳动力	农村富余劳动力			流动就业人员			自然减员人数				用人单位岗位					普通工	技术工			管理或专业技术人员
				零就业家庭人员	“4050”人员			新成长劳动力	贫困户劳动力	省内	外省							工勤岗位	社区岗位	公益性岗位	其他		初级	中级	高级	
栏次	1	2	3	4	5	6	7	8	9	10	11	12	13	14	15	16	17	18	19	20	21	22	23	24	25	26

单位负责人：　　　　复核人：　　　　制表人：　　　　　　日期：　　年　　月　　日

说明：1. “下岗失业人员”栏是指城镇就业转失业人员和国有、集体企业下岗职工。

2. 栏次关系：14＝1＋2－12；2＝10＋11≥3＋6＋7；16＝17＋19＋21＝22＋23＋24＋25＋26。

6. 就业培训管理台账

就业培训管理台账的作用是准确掌握本辖区登记失业人员参加就业培训的基本情况。其主要内容是失业人员参加就业培训的专业、培训时间及培训结果。台账动态管理的重点是失业人员的培训结业和培训后就业情况，见表 1—17。

表 1—17　　某辖区就业培训管理台账

序号	姓名	性别	年龄	文化程度	失业登记证编号	户籍地址	培训专业	培训时间	培训结业情况	培训后就业情况		联系电话	备注
										聘用	自主创业		
1	2	3	4	5	6	7	8	9	10	11	12	13	14

填表说明：1. 此表登记城镇失业人员参加技能培训情况。

2.“培训时间”指参加培训的起止时间。

3.“培训结业情况”指培训后领取结业证或职业资格证书情况。

4. 第 11 栏、第 12 栏填“是”或“否”。

填表单位（签章）：　　　　填表人（签章）：　　　　填报日期：　　年　　月　　日

7. 就业安置台账

就业安置台账的作用是掌握本辖区失业人员实现就业和再就业的情况。其主要内容是失业人员的就业去向和参加社会保险情况，台账动态管理的重点是失业人员的就业去向及就业稳定情况，见表 1—18。

表 1—18　　**某市就业安置台账**

姓名	性别	年龄	文化程度	政治面貌	失业证号码	再就业优惠证号码	参加培训科目		就业或再就业渠道						就业安置时间	月经济收入（元）	是否参加社会保险			通讯地址	联系电话	备注
							创业	技能	企业吸纳	劳务输出	组织起来就业	自谋职业	灵活就业	其他			养老保险	失业保险	医疗保险			
1	2	3	4	5	6	7	8	9	10	11	12	13	14	15	16	17	18	19	20	21	22	23

填表说明：1. 此表登记就业再就业人员情况，实行动态管理。
2.“企业吸纳”的“企业”指就业型企业、民营企业及其他企业等。
3.“组织起来就业”指组织起来创办经济实体，如兴办劳服企业、社区就业实体等。
4.“自谋职业”指从事个体经营。
5.“灵活就业”指非全日制、临时性、季节性、弹性工作等就业形式。
6. 对“其他”渠道就业应加以说明。
7.“月经济收入”指每月含工资在内的一切收入。
8. 第 18、19、20 栏填“是”或“否”。

填表单位（签章）：　　　　填表人（签章）：

填报日期：　　年　　月　　日

8. 小额担保贷款管理台账

小额担保贷款台账的作用是准确掌握本辖区再就业优惠证持有人员、城镇复员转业退役军人、其他城镇登记失业人员享受小额担保贷款政策的基本情况。其主要内容是小额担保贷款的经营项目、经营地址、贷款金额、贷款时限、放贷时间、担保形式等，见表 1—19。小额担保贷款管理台账的动态管理主要包括小额担保贷款项目的经营状况、还款情况等，见表 1—20。

表 1—19　　某市小额担保贷款台账

单位：　　区　　乡（镇）、办事处　　　社区

序号	姓名	性别	身份证号	家庭详细住址	经营地址	经营项目	贷款金额	申请时间	放贷时间	贷款期限	联系电话	担保形式

表 1—20　　某市小额担保贷款跟踪服务管理台账

单位地址	联系电话	第一次跟踪时间	经营状况	第二次跟踪时间	经营状况	第三次跟踪时间	经营状况	第四次跟踪时间	经营状况	还款情况

9. 企业退休人员社会化管理服务台账

企业退休人员社会化管理服务台账的作用是在掌握辖区企业退休人员社会化管理服务基本信息的基础上，编制企业退休人员社会化管理服务台账，确定重点帮扶对象。动态管理的主要内容是企业退休人员社会化管理服务对象的增减变化情况。

表 1—21、表 1—22、表 1—23、表 1—24 是某地企业退休人员社会化管理的常用台账实例。

表 1—21

企业退休人员社会化管理服务基本信息表

个人编号：　　　　　　　　档案编号：　　　　　　　　No.

基本情况	姓名		性别		民族		出生年月		身份证号		政治面貌		健康状况	
	原工作单位				原任职务			退休年月		退休后是否参加返聘		返聘时限	
	文化程度		特长技能			兴趣及爱好		档案存放地点					
	发挥作用情况	□从事专业技术服务　□创办经济实体　□从事社会公益活动											
	特殊人员情况	□新中国成立前参加工作　□七十以上高龄　□孤寡老人　□劳模　□特困　□重病											
社会保险情况	基本养老金			医疗保险号码			工伤等级						
	是否享受低保		社会保险关系所在地		参保情况		□养老　□医疗　□工伤						
家庭情况	居住情况	□本地人员　□异地人员　□出国定居											
		户口所在地	市　区（县）　街道（镇）　路　号　室			电话							
		现居住地	市　区（县）　街道（镇）　路　号　室			电话							
	配偶情况	姓名		出生年月		联系电话		原（现）工作单位					
		目前状况	□在职　□无职业　□离退休			健康状况							
	其他人员情况	姓名	关系	工作单位		联系电话	目前地址及邮政编码						

表 1—22　　企业退休人员社会化管理服务工作情况表

____市____县（区）____街道（乡镇）____社区（村）　　　年　　季度

楼号	季末管理服务退休人员数							政治面貌		特殊退休人员情况					提供管理服务情况							
	小计	60岁以下	女性	60至70岁	女性	70岁以上高龄	女性	中共党员	其他	新中国成立前参加工作	孤寡老人	劳模	特困	重病	为特别困难人员上门送发养老金人次数	协助领取养老金资格认证人次数	帮助死亡退休人员家属申领丧葬金人次数	提供社会保险政策和业务查询人次数	帮助联系生活照料服务人次数	组织党员活动次数	组织文体和公益性活动次数	其他
栏次	1	2	3	4	5	6	7	8	9	10	11	12	13	14	15	16	17	18	19	20	21	22

单位负责人：　　　复核人：　　　制表人：　　　　　日期：　　　年　　　月　　　日

说明：栏次关系：1＝2＋4＋6＝8＋9

表 1—23　　企业退休人员社会化管理重点帮扶名册

________街道（乡镇）________社区（村）　　年　　季度

姓名	性别	年龄	身份证号码	家庭住址	中共党员	移交前原工作单位	减员情况			帮扶内容			
							死亡	转出	出国定居	经济补贴（千元）	协助治病（千元）	帮助家庭成员就业	其他
栏次	1	2	3	4	5	6	7	8	9	10	11	12	13

单位负责人：　　　　复核人：　　　　制表人：　　　　日期：　　年　　月　　日

说明：1. 此表为街道（乡镇）、社区（村）对辖区内特困退休人员重点帮扶月变动情况进行登记造册。

2. 第 5、7、8、9 栏用“√”符号或空白表示。

表 1—24　　　　　企业退休人员社会化管理服务增（减）表

________街道（乡镇）________社区（村）

序号	姓名	原工作单位或原社会化管理社区名称	身份证号码	增减时间	参队时间	增加（√）			减少（√）			备注
						退休	异地转入	其他	死亡	异地转出	出国定居	
栏次	1	2	3	4	5	6	7	8	9	10	11	12

单位负责人：　　　　　复核人：　　　　　制表人：　　　　　日期：　　年　　月　　日

能力要求

一、识读、填写统一的统计台账

1. 了解台账项目内容

台账表式的主栏项目一般位于首栏并横行排列，宾栏指标和数据对应主栏项目填写。填报人员应认真了解台账项目的内容，如实填写相关情况。

2. 了解台账填表说明

填表说明位于台账表式下方，一般包括填表范围、项目解释、填写方式等要求。填报人员应认真了解填表说明要求，正确填写台账内容。

3. 对应栏目，填写原始记录

台账内容来自原始记录的信息。填报人员填写台账时要认真对应相关栏目，按台账填表要求，及时选用和填写原始记录的相关信息情况。

二、识读、填写统一的统计报表

1. 了解统计报表的统计口径

统计报表列出的统计指标一般较多，指标的统计口径都有特定的含义解释，如“城镇登记失业人员情况表”中的“本期新登记的失业人数”“本期登记失业人员就业人数”“期末实有登记失业人数”等指标均有特定的解释。填报人员必须要按照规定的统计口径进行填报。

2. 了解统计报表的栏目关系

统计报表中的栏目关系指各宾栏数据之间的平衡关系。认真了解统计报表的栏目关系，可以帮助填报人员理解表内各指标之间的关系，同时利用表中各指标之间的平衡关系对统计数据进行校核。

3. 全面填报统计报表内容

统计报表的表式还包括填表说明、补充资料、填报单位签章、填报人员签名、填报日期等内容。填报人员必须按表式内容要求，全面提供表式中所要求填报的资料，并及时上报。

注意事项

1. 台账和统计报表必须如实反映劳动保障的活动情况，各项数据应真实可靠。填写台账和统计报表必须根据核实的数据进行填报，不得以任何方式弄虚作假。

2. 填报人员应当按照规定的台账和统计报表格式内容填写，全面完整地填报相关资料，不得漏编漏报。

3. 台账和统计报表所提供的信息具有很强的时效性，填报人员必须按时间要求及时填写和按时上报，才能使信息有效发挥作用。

学习单元4　退休人员基本信息库（卡）的建立

学习目标

能够建立退休人员基本信息库（卡）。

能力要求

退休人员基本信息库（卡）的建立

在上级主管部门或社会保险经办机构确认企业退休人员基本信息（库）卡的内容后，将企业退休人员基本信息录入计算机或登入台账，为企业退休人员建立基本信息库（卡）。

1. 登记个人编号。按当地社会保险经办机构规定的编码规则，确定企业退休人员个人编号。接收企业退休人员档案的，登记其档案编号。登记企业退休人员所属自我管理和互助服务组织编号。登记基本信息表编号。

2. 登记具体内容。按照基本信息库（卡）的内容要求，逐项登记企业退休人员的基本信息、社会保障情况和家庭情况。

3. 拟订台账目录。按基本信息（库）卡项目有关内容，拟订高龄、特困、重病等特殊群体台账的目录。

4. 确定检索方式。为便捷、有效地对企业退休人员进行检索，查询其基本情况和需求，要结合实际情况确定合理的检索方式。对于手工操作、使用纸质卡等建立基本信息的，应按照基本信息表编号排序，并装订成册；对于实现计算机单机管理的，要在按信息表编号排序并装订成册的基础上，将具体内容录入计算机，并确定以身份证号码、信息表编号、姓名等项目的具体内容为检索关键词；已实现联网操作的，应按照管理软件设计的关键字段进行检索。

5. 报告情况。定期向上级主管部门或社会保险经办机构报告基本信息库（卡）建立情况。

学习单元5　退休人员自我管理和互助服务组织的建立

学习目标

1. 了解退休人员自我管理和互助服务组织建立的主要方式。
2. 掌握退休人员自我管理和互助服务组织的职能。
3. 能够根据辖区内退休人员分布情况，将所有退休人员编入自我管理和互助服务组织，建立动态管理网络。

知识要求

一、退休人员自我管理和互助服务组织建立的主要方式

在企业退休人员中建立自我管理和互助服务组织，既可以引导和动员企业退休人员发挥余热，开展活动，为繁荣社区文化、促进社区建设作出贡献，又可以加强动态管理，为企业退休人员提供及时、有效的服务。一般来讲，可根据企业退休人

员居住情况分片划定若干小组，由企业退休人员推选本小组中热心社会公益事业、有一定协调组织能力、身体条件较好的企业退休人员担任组长。纳入社区管理的企业退休人员一般以 30～50 人组成一个小组为宜。也有的地区按照企业退休人员的兴趣爱好作为划分自我管理和互助服务组织的标准。

二、退休人员自我管理和互助服务组织的职能

1. 协助做好企业退休人员日常文体娱乐活动的计划、组织和实施。

2. 定期联系组内的企业退休人员，协助做好企业退休人员动态管理。

3. 协助做好领取养老金等社会保险待遇资格认证工作。

4. 及时反映组内企业退休人员在生活、医疗保健等方面的问题及需求。

5. 协助搞好党组织活动。

6. 自发组织组内企业退休人员开展有益于身心健康的文体娱乐、医疗保健等活动。

7. 协助做好对特殊群体的走访慰问、生活照料等服务工作。

能力要求

一、退休人员分布情况的了解

1. 登记联系方式。企业退休人员到社区劳动保障工作机构报到时，了解企业退休人员居住的准确地址及联系电话，并登记到企业退休人员基本信息库（卡）中。

2. 上门走访。到企业退休人员家中进行走访慰问，对企业退休人员居住地址进行确认，如与企业退休人员报到时登记地址不符，则进行改正。

3. 情况变更。自我管理和互助服务组织要在两天内进行报告，社区协理员要在一个星期内与企业退休人员联系确认，企业退休人员居住地点发生变动时，及时做好变更处理。

4. 居住地划分。将企业退休人员按其居住地就近原则进行划分，为建立自我管理和互助服务组织做好准备。

二、自我管理和互助服务组织的建立

1. 确定平均人数。初次分组时，要对辖区内企业退休人员总量进行分析，确定分组的平均人数，每个小组的人员数量围绕这个平均数上下浮动。

2. 初步分组。结合企业退休人员居住分布情况，初步进行分组，按退休人员

居住地就近原则，并统筹考虑每组人员数量，以确定的平均人数为标准将企业退休人员逐个编入各自的自我管理和互助服务组织。

3. 进行公告。将初步分组情况通过公告栏、张榜等形式进行公告，广泛征求全体退休人员的意见和建议。

4. 确定分组名单。综合分析退休人员的意见和建议，采纳合理化建议。未采纳建议的，要向退休人员本人说明情况，取得他们的理解。之后，对部分人员进行调整，并确定分组名单。

5. 确定组长候选人。提出每个自我管理和互助服务组织小组长的候选人名单。征求每位候选人的意见，向其讲明小组长所承担的责任。之后确定候选人名单。

6. 选举组长。分别召开会议或进行公示，由企业退休人员推举自我管理和互助服务组织小组长。如选择召开会议方式，对唯一候选人的情况，可以通过举手表决或投票方式来完成，赞同人数超过规定比例即可；对有两个及以上候选人的，得要多者当选。如选择公示的方式，则要对每位候选人有一个简介，还要发放调查问卷，由企业退休人员填写，整理后，得票多者当选。

7. 日常调整。企业退休人员居住地址发生变化时，要相应地对自我管理和互助服务组织人员进行调整。

8. 改选组长。结合实际情况，定期改选自我管理和互助服务组织的组长。发生突发情况，小组长不能再胜任工作时，也可以进行临时改选。

9. 定期报告。对本社区自我管理和互助服务组织建立情况进行备案，并定期报告自管组织建立数量、开展活动、人员变动、经费使用等情况。

三、动态管理网络的建立

1. 提出动态管理要求。召集各自管组织组长开会，向自我管理和互助服务组织组长告知工作职能，提出动态管理要求，确定每个小组定期见面时间跨度及见面形式，如开展活动、开会、上门走访等。当企业退休人员有服务需求或状态发生变化时，自我管理和互助服务组织组长要主动报告。

2. 召开定期联席会议。至少以一个月为周期，召集自我管理和互助服务组织组长会议，对企业退休人员基本情况、兴趣爱好、服务需求等情况的变化进行了解。

3. 建立动态管理台账。对自我管理和互助服务组织组长的电话、地址等联系方式单独建立台账，确定联络周期，了解有关工作计划进展情况以及一些特殊情况。将每个自我管理和互助服务组织成员的直接联系方式告知各位组长，可以表格或卡片的形式列出。

4. 明确报告周期和内容。各自我管理和互助服务组织组长要以文字形式在规定的周期内报告本小组活动情况。

5. 抽查活动情况。不定期地与退休人员面对面接触或电话联络。定期或不定期地参加企业退休人员的相关活动。

注意事项

1. 建立企业退休人员自我管理和互助服务组织，要根据企业退休人员基本信息库（卡）上的家庭地址，以居民楼为单位，或按就近的原则进行分类。

2. 确定每个小组人数时，既要考虑到均衡性，每个小组人数不要相差太多；也要考虑方便性，方便每个小组组织活动；还要考虑拓展性，将来可能会有其他企业退休人员加入进来。

3. 当按照企业退休人员居住情况分组时，若某个小组人数过多，可考虑分拆或者按照企业退休人员自己的意愿进行调整。

学习单元6　退休人员社会化管理服务联系卡的发放

学习目标

1. 了解社会化管理服务联系卡的内容及发放方式。

2. 能够向辖区内所有退休人员发放社会化管理服务联系卡，建立动态联系制度。

知识要求

退休人员社会化管理服务联系卡的样式和内容

向企业退休人员发放社会化管理服务联系卡是街道社区社会化管理服务基础工作之一。如图1—4所示，社会化管理服务联系卡上注明了街道劳动保障事务机构和社区服务人员的联系电话，还公示了管理服务项目，内容至少包括为特殊困难人员提供送发基本养老金上门服务；提供社会保险政策和业务查询；开展领取养老金资格认证；组织党员开展活动；组织退休人员开展文体和公益活动；协助社区医疗服务机构提供医疗卫生服务；帮助联系生活照料服务等。实际工作中，各地根据实际需要对社会化管理服务联系卡的项目进行了补充和调整。

××市××区××街道××社区　　　　编号:

企业退休人员社会化管理服务

联系卡

街　道　　　　　　　　　　社区

联 系 人:　　　　　　　　联 系 人:

联系电话:　　　　　　　　联系电话:

a）

管理服务项目

您的愿望和需求就是我们的追求

- 为特殊困难人员上门送发养老金
- 开展领取基本养老金资格认证
- 组织退休人员开展文体和公益活动
- 帮助联系生活照料服务
- 提供社会保险政策和业务查询
- 组织党员开展活动
- 协助社区医疗服务机构提供医疗卫生服务

b）

图 1—4　企业退休人员社会化管理服务联系卡

a）正面　b）背面

能力要求

一、社会化管理服务联系卡的发放程序

1. 发放卡片。到退休人员家里进行初次走访慰问时，携带社会化管理服务联系卡，将其发给退休人员，并向退休人员讲解联系方式以及服务内容。

2. 建立台账。建立退休人员联系卡发放台账，记录人员姓名、编号等内容。

3. 补办注销。发生联系卡丢失、退休人员转出等情况时，进行补办、注销等操作。

4. 情况汇总。定期对发放联系卡的情况进行汇总，并向上级主管部门或社会保险经办机构报告。

二、动态联系制度的建立

1. 设置联系电话。社会化管理服务联系卡上所注明的电话号码，在规定的工作时间内要有人接听，必要时可留下协理员的手机或小灵通号码。

2. 建立联系台账。对于退休人员致电反映的有关情况，要建立台账，内容应包括来电人姓名及联系方式、来电内容、承诺回复时间、受话人等。

3. 处理及反馈。对于能够处理、办理、答复的问题，应当时或事后致电退休人员予以反馈；需向上级主管部门或社会保险经办机构反映的情况，要在规定时间内报告，并在承诺回复的时间内向退休人员反馈。

4. 汇总报告。对退休人员来电、来访情况进行汇总分析，并向上级主管部门或社会保险经办机构报告。

5. 主动公示。对退休人员咨询量较大或重点关注的问题，可以采取公示的方式进行集中解答、告知。

学习单元 7　退休人员接收、转入、转出、注销手续的办理

学习目标

能够办理退休人员接收、转入、转出、注销手续。

能力要求

一、退休人员的接收

1. 接收资料。接收社会保险经办机构、街道、社区逐级移交的退休人员有关资料。包括社会保险经办机构掌握的企业退休人员的基本情况和社会保障情况。退休人员人事档案移交社会保险经办机构管理的，还要同时接收移交退休人员人事档案编号（实现电子档案管理的，移交电子档案资料）。

2. 接待人员。接待移交的退休人员，向其讲解社会化管理服务的有关政策、接收工作程序以及今后社区提供的管理服务内容。

3. 发放联系卡。向移交的退休人员发放社会化管理服务联系卡。

4. 建立信息。为移交的退休人员建立基本信息库（卡）。

5. 编入自管组织。将移交的退休人员编入自我管理和互助服务组织。

6. 建立有关台账。结合移交退休人员的情况，为其建立特殊群体、健康状况等有关台账。

7. 报告情况。在规定时间内，向上级主管部门或社会保险经办机构报告接收退休人员的工作情况。

二、退休人员的转入

1. 接收申请。接收其他社区发出的企业退休人员转入申请，接收企业退休人员基本信息。

2. 接待人员。接待转入企业退休人员，查看其有关转移资料。包括转出社区开具的转移证明、退休证等。

3. 发放联系卡。向转入企业退休人员发放社会化管理服务联系卡。

4. 变更信息。对转入企业退休人员基本信息库（卡）上有关内容进行变更。

5. 编入自管组织。将企业退休人员编入本社区自我管理和互助服务组织。

6. 建立有关台账。结合转入企业退休人员的情况，为其建立特殊群体、健康状况等有关台账。

7. 反馈接收结果。在规定时间内，通过网络传递或书面形式告知转出社区已完成的接收工作。

8. 报告情况。在规定时间内，向上级主管部门或社会保险经办机构报告转入企业退休人员的工作情况。

三、退休人员的转出

1. 发出申请。企业退休人员提出转出申请后，通知其待转入社区，并进行企业退休人员基本信息库（卡）信息移交。同时，收回社会化管理服务联系卡。

2. 封存信息。将待转出企业退休人员的基本信息库（卡）进行封存。

3. 调整自管组织。将待转出企业退休人员调出所在自我管理和互助服务组织，若企业退休人员为小组长，则要做好改选工作。

4. 调整台账。对企业退休人员建立台账情况进行调整。

5. 注销信息。接到转入社区接收完毕确认信息后，注销转出退休人员基本信息。

6. 报告情况。在规定时间内，向上级主管部门或社会保险经办机构报告转出企业退休人员的工作情况。待转入社区确认完成接收工作后，进行注销。

四、退休人员的注销

1. 核实情况。接收自我管理和互助服务组织报告的企业退休人员死亡信息，并上门进行核实。

2. 注销信息。对企业退休人员基本信息进行注销，对社会化管理服务联系卡进行注销。

3. 调整自管组织。将注销的企业退休人员调出所在自我管理和互助服务组织，若企业退休人员为小组长，则要做好改选工作。

4. 调整台账。对企业退休人员建立台账情况进行调整。

5. 报告情况。在规定时间内，向上级主管部门或社会保险经办机构报告企业退休人员的注销工作情况。

注意事项

1. 在办理接收、转出、转入、注销业务时，一定要在当地社会保险经办机构统一规定的时间内完成。

2. 熟练掌握各业务流程，避免因工作失误使企业退休人员受奔波之苦。

第 3 节　信息分析与反馈

学习单元 1　统计报表的汇总和上报

学习目标

掌握统计报表的基本知识，能够汇总上报各类劳动保障统计报表。

知识要求

一、常规劳动保障报表种类

劳动和社会保障部在全国范围内统一实行常规劳动保障报表，在不同时间报表种类也会发生变化。各省、自治区、直辖市在此基础上设立了不同的报表，用于本行政区的劳动保障统计。

按业务类别划分，常规报表分为：综合报表，如城镇劳动力供给情况表；培训就业工作情况报表，如城镇登记人员情况表、就业再就业工作进展情况表；社会保障工作情况报表，如企业退休人员社会化管理服务情况表、劳动关系工作情况报表、劳动监察工作情况报表等。按报告期划分，常规报表分为年报、半年报、季报、月报等。

二、上报统计报表的要求

1. 要确定专人负责填报各类报表。

2. 填报人员要熟知填表说明（指标解释），认真、详细填制各类报表。

3. 填报人员要写出简要的报表说明和分析（一般包括基本情况分析、存在的问题和建议等）。

4. 填报人员填报完毕后，交主管领导审核、签字、盖章后方能上报。

5. 各类统计报表要按期填报、按期准时上报。

三、一般事务性信息的写作方法

信息是对新近发生的有意义的客观事物进行及时和如实报道的文种。信息的形式具有简短明快的特点，用最快的速度、短小的篇幅、简明的语言、灵活的表达方式来反映客观事物。信息的结构一般可分为：

1. 标题。要求直接揭示中心内容，切中主题。

2. 导语。即开头，可以是第一句，也可以是第一段。要求用简明、概括的语言将最关键的内容展现出来，以引起读者的注意。

3. 正文。要客观地，有条理地把主要事情叙述清楚。

4. 评语。即结尾，对事情的意义作出简要的评价。

【案例1—3】　就业服务工作信息

S县送岗进社区（标题）

8月14日，由S县劳动保障局、W镇政府主办的再就业现场招聘会在W镇城南坡小区举行（导语）。此次招聘会吸引了两家职介机构和33户企业参加，招聘会现场共提供1 600余个工作岗位，包括家政服务员、保洁员、营业员、保安、车工、钳工等30余个工种。参加招聘会的社区失业人员约2 000余人，其中签订意向性用工协议800余人（正文）。本次招聘会送岗位到社区，受到了广大社区群众的欢迎和好评（评语）。

能力要求

一、汇总上报各类劳动保障统计报表

1. 收集、校核报表

按期收集基层报表。填报报表的基本单位必须在规定期限内上报报表，不能漏报缺报。校核报表首先检查报表指标填写是否按规定的统计口径填写，是否有漏填和错栏情况。其次，检查表内各宾栏数据是否平衡，可以利用表内平衡公式进行校核。对照上期报表检查，对本期报表数据变化幅度较大的，要求基层填报单位作出说明。最后检查报表内容是否完整，是否按表式内容要求填报。

2. 过录表汇总

制作与统计报表指标栏目一致的过录表，将每个基层单位的报表数据平行填入过录表相应栏目，用合计栏对所有基层单位填报的数据进行计算汇总，再对汇总后的数据进行校核。

3. 填写综合报表

将过录表汇总数据填写综合报表，按填报要求完整填写所有内容，并按时上报。

二、报告辖区内符合享受就业再就业扶持政策条件人员的情况

符合享受就业再就业扶持政策条件人员是就业再就业工作的重点，其就业再就业情况直接反映各项就业再就业扶持政策的具体落实情况和就业工作情况，及时报告其就业再就业情况和存在的问题可以为完善政策措施和工作措施提供依据。

1. 及时填报统计报表和汇总情况

基层填报人员要根据管理台账记录进行分类汇总，如实填报辖区内符合条件的人员享受就业再就业扶持政策情况和就业再就业情况。一般应包括报告期内享受各

项政策的人数及人数增减情况，具体享受哪些政策项目，对于近期增减变化比较大的，以及出现的异常情况，应加以单独说明。填报人员要准确掌握辖区内符合享受就业再就业扶持政策条件人员在报告期内的情况变化，及时反映其就业再就业的动态情况。

2. 撰写工作信息

基层填报人员对辖区内就业再就业扶持政策的落实情况、就业再就业工作情况以及存在的具有普遍性的问题、异常情况、有效的工作做法、新的工作动态、工作成效等情况，可以用撰写单项或综合型的工作信息的方式及时进行反映，为上级部门总结经验，改进措施，及时处理等提供依据。

学习单元 2　突发事件应急办法

学习目标

掌握突发事件的应急处理方法，及时上报重大情况

知识要求

一、突发事件应急处理方法

劳动保障突发事件主要指辖区内的企业职工、失业人员以及企业退休人员因劳动和社会保障问题引起的集体上访、静座、游行、罢工等重大突发事项。处理突发事件，应当坚持预防为主、区别对待、教育疏导、重在调解、快速处理、就地解决的原则，依法维护用人单位和劳动者的合法权益。

二、制定突发事件处理的工作预案

基层劳动保障工作机构要提高对预防和处理突发事件重要性的认识，要按上级部门的要求，制定突发事件处理的工作预案，结合本辖区情况，提出相应的突发事件预防和处理的工作程序和方法，做到提前预防，及时处理，努力消除不稳定因素。

三、突发事件发生后的处理

1. 突发事件发生后，基层劳动保障工作人员应在规定时间内及时向当地政府

和上级劳动保障部门报告，并赶赴现场进行处理。

2. 对不了解政策和提出不合理要求的人员，要做好政策解释和教育疏导工作；对符合劳动争议仲裁范围的，应动员当事人派出代表到劳动争议仲裁机构申请仲裁；对明显违反劳动和社会保险法律、法规，严重侵害职工和退休人员合法权益的企业，应通知劳动保障监察机构查处；对重大事项和疑难问题，应动员当事人恢复工作和社会秩序，然后将有关事项和问题提交劳动保障和相关部门处理解决。

3. 突发事件应急处理工作结束后，基层劳动保障工作人员应当协助当地政府和上级劳动保障部门做好善后处置工作，搞好调查处理和总结评估工作，并按上级部门要求写出事件情况的专题报告。

能力要求

一、及时记录、反映、上报辖区失业人员、退休人员等的重大情况程序

1. 确定重点了解对象

根据辖区的实际情况，对失业人员、退休人员中特殊群体有关情况进行重点掌握，如失业人员就业过程中存在的特殊困难、退休人员家庭生活特殊情况等，确定需要重点了解的对象。

2. 进行走访和访谈

通过走访或电话访谈等方式了解重点对象的具体情况。在走访和电话访谈中要注意沟通方式和技巧，灵活掌握提问的时机，营造和谐的交流气氛，掌握失业人员、退休人员的真实情况。

3. 做好记录

做好走访和电话访谈的记录。电话访谈要及时记录。走访时，对于失业人员、退休人员的重要情况变化，要当场进行记录。对于比较敏感的情况，可采取走访后补记的方式。

4. 及时反映、上报重大情况

进行走访和访谈后，要及时修订原有相关信息，将采集的新信息及时填入管理台账或报表。对失业人员、退休人员等辖区个人和单位因劳动就业和社会保险问题可能引起整体事件、突发事件的，要及时上报情况。

二、协助处理突发事件的程序

1. 发生前的预防工作

（1）加强劳动保障法律法规和政策的宣传。

（2）协助处理日常上访，尽可能使上访问题得到明确答复，及时处理。

（3）开展走访活动，掌握信访动向；对存在的问题隐患要及时化解，无法解决的及时上报有关部门。

（4）建立重点信访登记备案制度和排查制度。

（5）建立预警机制，采取预警监控措施。

2. 发生后的处理工作

（1）获悉辖区内发生突发事件后，应迅速了解突发事件的有关情况，包括发生的时间、地点、单位、人数、起因、经过、社会反映等，及时反映、上报突发事件的情况。上报的方式一般为书面，紧急情况下选择电话等快捷的方式报告。

（2）在职责范围内，采取措施防止事态扩大，减少和避免损失和不良影响。

（3）协助有关部门处理事件。有关部门到场后，应及时汇报已掌握的有关事件信息、处理进度和结果。

（4）协助有关部门形成事件处理报告。事件处理结束后，应协助有关部门将事件处理结果形成书面报告，按规定上报。

（5）结案归档。收集、整理突发事件资料，按立卷内容和要求归档。

思　考　题

1. 常规劳动保障报表的种类有哪些？
2. 怎样汇总上报各类劳动保障统计报表？
3. 怎样处理劳动保障突发事件？
4. 怎样实现退休人员动态管理？

第 2 章

就业服务和退休人员社会化管理服务

第 1 节　政策咨询服务

学习单元 1　政策咨询服务的工作内容和主要方法

学习目标

1. 了解提供政策咨询服务的主要方法。
2. 掌握政策咨询服务的基本工作内容和对劳动保障协理员的基本要求。
3. 能够对政策咨询提供查询、答复。

知识要求

一、政策咨询服务的原则

提供政策咨询服务是指劳动保障协理员对辖区内失业人员、企业离退休人员、用人单位等有关人员和单位所提出和咨询的有关劳动就业和社会保险政策等方面问题进行查询、解答，并说明具体操作程序及有关规定的一项服务工作。政策咨询服务的原则主要是：

1. 以礼相待原则

接待过程中要讲究基本礼仪、礼貌。

2. 认真负责原则

回答咨询政策性很强，内容具体琐碎，提供咨询的人员要急咨询者之所急，帮咨询者之所需，做到件件有答复。对于非政策业务范围内的问题，也要告之进一步咨询的途径。

3. 严格按国家法律法规和政策解答问题的原则

国家的法律法规和政策，集中反映了群众的根本利益，是回答咨询问题的准绳。

4. 解答咨询问题与宣传教育相结合的原则

在咨询工作中，既会遇到实际问题，也会遇到思想认识问题。在咨询服务中，既要按政策解答，又要把宣传教育工作贯穿始终，帮助咨询者了解政策，消除疑虑。

5. 讲究时效原则

解答咨询问题要及时，承诺替咨询者进一步了解的相关政策，要及时反馈结果。

二、提供政策咨询服务的主要方法

提供政策咨询服务的方法多种多样，以下简单介绍几种。

1. 按照解答问题方式的不同，提供政策咨询的方式可分为口头解答服务和书面解答服务。

提供口头政策咨询是指咨询人来到街道、乡镇、社区劳动保障工作机构服务窗口或政策咨询台前，或以电话方式提出咨询时，劳动保障协理员运用当前的政策准确地给予口头解答。这种方式主要是在所提出的问题较简单，用口语解释易懂的情况下使用。

提供书面政策咨询服务是指咨询人以书信或电子邮件的方式提出问题时，劳动保障协理员同样以书信或电子邮件的形式给予解答。在口头解答不清楚时也应该用书面解答的方式。

2. 按照使用工具的不同，提供政策咨询服务的方式分为网上咨询服务、宣传窗（栏）服务、发放宣传资料等。

网上咨询服务是指对一些共同的问题通过互联网、电子显示屏等方式解释说明有关政策。

宣传窗（栏）服务是指在街道、乡镇、社区劳动保障服务大厅门口或街道、乡镇、社区相对集中的场地设立宣传窗（栏）宣传有关方针政策。

发放宣传资料是指将相关政策印制成小册子或宣传单，在街道、乡镇、社区劳动保障服务大厅或定时在街道、乡镇、社区相对集中场所发放。

三、政策咨询服务工作对劳动保障协理员的基本要求

1. 熟练掌握当前的有关政策

这是对劳动保障协理员的第一要求，也是在提供政策咨询服务时的首要要求。咨询人员的咨询涉及面广、内容多，如果劳动保障协理员在提供政策咨询服务中对当前的政策不能熟练掌握，也就无法开展工作。因此，劳动保障协理员必须了解劳动法等有关法律法规知识，掌握当前的社会保险政策、就业再就业政策等劳动保障政策，熟悉就业服务和社会保险服务的工作流程等。

2. 全面把握咨询人所询问的内容

当咨询人前来进行政策咨询时，由于对政策不清楚、不理解，所提出的问题会有所偏差，这就要求劳动保障协理员认真地听完咨询人叙述后，全面把握咨询人的来意，简明扼要地提炼出咨询人所咨询的关键问题。

3. 准确解答咨询人所提出的问题

根据咨询人所提出的问题，劳动保障协理员要充分运用现有的政策，做出明确的解答，同时对涉及的相关政策给予说明解释，为咨询人出好主意，做好参谋。

4. 解答要通俗易懂、相互交流

在回答咨询人所提的问题过程中，要有层次、有条理、有针对性地解答；要互动交流，确认咨询人对疑问有所了解，避免一口气滔滔不绝地全面讲解，使咨询人更加糊涂。

5. 态度诚恳，耐心细致

劳动保障协理员要注意咨询人的情绪，热情接待，服务周到，态度诚恳，耐心细致，语言准确流利。同时，还要注意尊重咨询人的个人隐私、生活习惯和风俗等。防止和避免情绪化的沟通与交流。

四、社区宣传工作技巧的有关知识

所谓社区宣传工作技巧，实质上是对社区宣传工作实践经验和做法的总结概括。劳动保障宣传工作主要担负着政策解读、信息咨询等重要任务。各级劳动保障部门的服务场所是宣传劳动保障政策的重要窗口，街道、乡镇、社区劳动保障工作机构是劳动保障部门直接为劳动者和离退休人员进行服务的基层工作平台，加强街道、乡镇、社区劳动保障宣传工作，具有综合性、基础性、广泛性的地位和作用。做好街道、乡镇、社区劳动保障宣传工作，概括起来，重在做到“五要”。

一要深入实际，坚持“三贴近”，即贴近实际、贴近生活、贴近群众。做好新形势下的劳动保障宣传工作是落实科学发展观和构建社会主义和谐社会的必然要求，是转变政府职能和强化社会公共服务的迫切需要，是促进劳动保障事业发展的重要举措，也是提升劳动保障宣传工作质量的内在要求。劳动保障是民生之本、安国之策，劳动保障政策是为老百姓制定的。做好就业再就业工作，完善社会保障体系，建设和谐劳动关系，无不涉及人民群众的切身利益。街道、乡镇、社区劳动保障工作机构和工作人员要发挥贴近实际、贴近生活、贴近群众的优势，牢固树立群众观念，按照“三贴近”的要求，深入劳动保障工作一线，深入群众生产生活实际，坚持正面宣传引导，用人民群众喜闻乐见、易于接受的语言和方式，宣传国家劳动保障的大政方针，引导群众树立崇尚劳动、崇尚技能、崇尚奉献的思想，为劳动保障事业营造和谐的发展环境。积极主动地回答人民群众最关心、最直接、最现实的问题，真正使劳动保障宣传工作产生入耳、入脑、入心的效果，消除疑虑，疏通、引导人们的思想，以提高认识，掌握政策。通过及时有效地宣传，使广大人民群众进一步增强对党和国家有关就业和社会保障方针政策的认识，更加理解、支持和积极主动地参与劳动保障事业的发展。

二要结合业务，把宣传政策与落实政策结合起来，与开展业务活动结合起来，切实增强政策宣传和咨询服务的针对性和有效性。要制定宣传计划，把握不同阶段的工作重点，精心组织安排宣传和咨询活动，并积极采取各种措施，提高政策宣传和咨询服务的针对性和实效性。要将宣传和咨询服务与本地区开发岗位送信息、组织培训送技能、指导创业等实际工作有机结合起来，使群众看得见、摸得着。要抓住工作落实中的热点、难点和切入点，组织开展宣传和咨询服务，贴近群众，贴近实际，采用通俗易懂和群众容易接受的方式做好政策宣传和阐释工作。对反映就业和社会保障政策不落实的问题，要开展舆论监督，并对整改情况进行跟踪问效。形成长效机制，使政策宣传保持经常化、普及化，做到循序渐进、步步深入。

三要因地制宜，形式多样。一是以传媒为载体的形式。主要有印发宣传材料，利用电子传媒，建立网站、电子邮箱、手机短信等，制作宣传栏、橱窗、公益广告、展板等，与新闻媒体合作等。二是以开展活动为载体的形式。主要有重要节日、纪念日的宣传，劳动保障业务专项活动，如评选街道、乡镇、社区就业再就业明星、社区创业明星、创建充分就业社区活动、春风行动、就业援助活动等；文化娱乐体育活动，如举办劳动保障知识竞赛、书法竞赛、文艺演出等。三是以街道、乡镇、社区管理服务网络为载体的形式。主要有举办报告会、讲座、社区论坛、经验交流会、现场观摩会，社区居民小组长、楼长兼任信息宣传员，发挥街道、乡镇、社区民间社团、协会等作用。

各街道、乡镇、社区情况不同，经济基础、人文环境、地理位置等条件存在差异，开展劳动保障宣传工作，一定要从实际出发，因地制宜，讲求实效。既要丰富多彩，具有吸引力，又应力求避免形式主义。

四要注重典型宣传，发挥示范引导作用。在街道、乡镇、社区的劳动保障工作领域，都有多种多样的先进人物和先进事例，用身边的人和事，把抽象的政策化为活生生的典型人物和先进事例来进行宣传，从而激发起人们的思想感情共鸣，引导人们去学习和仿效。典型宣传方法具有宣传群众、组织群众、激励群众奋发向上的功能，符合人们的自尊、模仿、从众等心理活动的特点，易为人们所接受。注意把握几个方面，一是发现和选好典型。使每一个先进典型都站得住、立得起，经得起群众检验和历史考验。二是进行深度挖掘。挖掘其形成背景、奋斗历程、感人事迹、突出贡献和社会价值，增强典型宣传的生动性和感召力。三是抓好传播推广。要加强与宣传主管部门和新闻媒体的沟通，借助社会力量做大做强典型宣传，产生更好、更大的社会影响。四是注意揭露反面典型。要在坚持正面宣传的同时，高举舆论监督这把利剑，选择有代表性、危害大的案例进行重点曝光，充分发挥舆论监督的作用，维护劳动者的合法权益。

五要善于总结经验，不断改进创新。认真总结过去的成功经验和现在的新鲜经验，积极探索、不断创造出符合新时期劳动保障工作发展要求和客观实际的、行之有效的宣传手段和方法，并努力去钻研、掌握、运用内容丰富、形式多样、成效明显的宣传手段和方法，把劳动保障宣传工作提高到新的水平。

能力要求

政策咨询服务的基本能力要求主要包括准备工作、接待、登记、查询、整理与归档、回访等环节。

1. 准备工作

（1）做好个人准备。穿好工作服，佩戴工作牌或胸卡，仪表整洁，着装大方、得体。

（2）做好接待准备。整理接待室、打扫卫生、保持清洁的环境。

（3）做好资料的准备。准备好各种登记表格、宣传材料和有关政策工具书。

2. 接待

接待来访者是劳动保障工作者调查了解服务对象的重要途径之一。接待要求：

（1）以礼相待，以尊重、平等、热情的态度礼貌接待咨询人。主动打招呼，问声：“您好。”请其入座，询问：“您有什么事需要帮助?”

（2）充分沟通。特别是要面对面耐心倾听咨询人的陈述，尽量让人把话讲完，使咨询人有机会充分表达自己的意愿，一般不要打断；咨询人提出问题抓不住要点的，可向咨询人提问，适当提示；对咨询人提出的问题和要求，不论是否合理、能否解决，都应以热情、认真的态度进行交谈。如果咨询人情绪激动或言辞激烈，也应以礼相待，切忌简单急躁或敷衍了事，或借故推诿。

（3）运用好口头语言。使用文明用语，吐字清晰，用词尽量规范准确，把意思讲清楚说明白，切忌词不达意；话要说得悦耳，语气要温和，声音要适度，把握好语调的高低、轻重和语速的快慢。

（4）运用好肢体语言。目光和眼神应适当接触，表明在认真倾听他人诉说和自如、愉快的状态；面部表情应保持微笑；表明友善的态度，否则面无表情就很难让人感受到你的思想与情感，皱起眉头表明不理解甚至不满意；身体的姿态要自然得体，否则，坐得笔直僵硬或手脚乱动都会使人感到不自在或对其不尊重。

3. 登记

（1）分析判断。根据与咨询人沟通的情况，从中归纳提炼出咨询人提出的主要咨询问题，筛选出有用信息，简明扼要、真实准确地进行登记。

（2）填写咨询服务登记表。主要包括接访日期、咨询人姓名、人数、单位或住址、联系方式、来访内容、处理意见、处理结果、接访人签字等。

登记时，可能会遇到由于涉及咨询人的利益或利害关系，咨询人不愿意透露个人真实身份的情况，劳动保障工作人员尊重本人的选择，可不登记咨询人姓名。

（3）咨询服务应区别不同情况进行记录。对咨询劳动保障政策业务以外的咨询不需记录；对咨询简单政策业务问题，劳动保障协理员可以准确答复的，需要简要记录；对于需要另行答复的，需要详细记录咨询人联系方式、答复的主要问题等内容。

4. 答复

对咨询人提出的问题给予答复，要做到：

（1）尽可能地当面给予一次性告知。

（2）答复要以上级的有关文件和规定为依据，保证准确性。

（3）答复要明确，特别对咨询的关键点。

（4）妥善处理好以下几种特殊情况：

1）无法回答的问题。无法回答的问题向咨询人表示歉意，属于业务范围的问题，承诺进一步了解政策解答，对不属于业务范围内的问题，尽可能指导其通过其他途径进行咨询。

2）采用电话方式进行咨询。要将街道、乡镇、社区劳动保障政策咨询电话号码、咨询服务内容、接待咨询时间公之于众。接听咨询人电话时，要认真听取咨询人的问题，把握咨询的要点，耐心做好解答。对所咨询问题较为复杂，不好用简短语言答复的，可向其说明原因，告之查询方法、途径，或约定时间面谈答复、上门答复。

3）采用书信或网络信箱方式进行咨询。要将街道、乡镇、社区劳动保障机构通信地址、邮政编码、电子信箱地址、咨询服务内容公之于众。劳动保障协理员应及时查看通信信箱、电子信箱，查收咨询人发送咨询信件；认真阅读咨询人的信件，把握咨询要点，针对咨询人的问题，拟订书面答复，审核无误后，及时发送答复咨询人。

5. 查询

对咨询人提出的问题，经分析判断后，帮助查阅有关政策规定。

（1）查阅相关文件，找出具体规定，或向咨询人提供宣传材料。

（2）指导咨询人使用触摸屏、网络进行查询。

（3）劳动保障协理员向上级业务部门请示查询。

（4）对不属于业务范围内的问题，要指导咨询人通过其他途径进行查询。

6. 整理与归档（分析）

咨询结束后，检查需要登记事项，及时补充漏填内容。对尚未解答的问题，单独列出注明。已实行计算机管理的，要及时将有关信息录入计算机。按立档要求，将有关资料整理归档、备查，以利检索和日后查找、总结和跟踪服务。遇有重大或涉及面较大的事项，应及时向上级业务部门报告，或形成书面统计分析材料，向上级业务部门报告。咨询的问题比较集中、频率较高的应及时总结归纳，并采取张贴宣传材料或手册的形式进行宣传。

7. 回访

回访是对政策咨询服务中需要落实或解决的问题处理结果的了解。主要通过三种方式：

(1) 专访。对重要或重大事项咨询服务后的落实或解决情况了解，要对咨询人专门走访。

(2) 电话联系。一般事项咨询服务后的落实或解决情况，通过联系电话进行了解。

(3) 见面询问。无论是在街上，还是在其他地方遇到咨询人，主动聊一聊，了解情况。

回访是咨询服务的后续服务。要将回访情况记录在咨询服务档案中。

学习单元 2　就业再就业政策咨询服务

学习目标

1. 了解国家现行对不同群体就业再就业扶持政策的主要内容。

2. 能够对有关就业再就业政策进行查询、答复。

知识要求

一、对持有再就业优惠证人员就业再就业扶持政策的主要内容

1. 鼓励个体经营、创业就业扶持政策

(1) 从事个体经营的税收扶持政策

1) 政策适用范围。国有企业下岗失业人员、国有企业关闭破产需要安置的人员、厂办大集体企业下岗职工、享受城市居民最低生活保障且失业 1 年以上的城镇其他登记失业人员等持再就业优惠证人员。有条件的地区还包括特别困难的厂办大集体企业关闭或依法破产需要安置的人员。税收减免政策不含国有企业厂办大集体企业以外的其他城镇集体企业的下岗失业人员。政策适用的行业范围为除国家限制的行业包括建筑业、娱乐业以及销售不动产、转让土地使用权、广告业、房屋中介、桑拿、按摩、网吧、氧吧以外的行业。

2）政策内容。对持再就业优惠证人员从事个体经营的（国家限制的行业除外），按每户每年8 000元为限额依次扣减其当年实际应缴纳的营业税、城市维护建设税、教育费附加和个人所得税。纳税人实际应缴纳的营业税、城市维护建设税、教育费附加和个人所得税小于年度减免税限额的，以实际应缴纳的营业税、城市维护建设税、教育费附加和个人所得税税额为限；实际应缴纳的营业税、城市维护建设税、教育费附加和个人所得税大于年度减免税限额的，以年度减免税限额为限。

3）申请减免税程序。领取税务登记证后，可持减免税申请、再就业优惠证、主管税务机关要求提供的其他材料向其所在地主管税务机关申请减免税。

（2）从事个体经营的减免收费政策

1）政策对象范围及内容。对持再就业优惠证人员从事个体经营的（国家限制的建筑业、娱乐业以及销售不动产、转让土地使用权、广告业、房屋中介、桑拿、按摩、网吧、氧吧除外），自2006年1月1日起至2008年12月31日，免收属于管理类、登记类和证照类的各项行政事业性收费，期限最长不超过3年。

2）免交的收费项目范围。工商部门收取的个体工商户注册登记费（包括开业登记、变更登记、补换营业执照及营业执照副本）、个体工商户管理费、集贸市场管理费、经济合同鉴证费、经济合同示范文本工本费，税务部门收取的税务登记证工本费，卫生部门收取的行政执法卫生监测费、卫生质量检验费、预防性体检费、卫生许可证工本费，民政部门收取的民办非企业单位登记费（含证书费），劳动保障部门收取的劳动合同鉴证费、职业资格证书工本费，国务院以及财政部、国家发展改革委批准设立的涉及个体经营的其他登记类、证照类和管理类收费项目。各省、自治区、直辖市人民政府及其财政、价格主管部门按照管理权限批准设立的涉及个体经营的登记类、证照类和管理类收费项目。

3）享受程序。从事个体经营的下岗失业人员，向工商、税务、卫生、民政、劳动保障等部门的相关收费单位出具劳动保障部门核发的再就业优惠证，经收费单位审核无误并备案后免交有关收费。

（3）小额担保贷款

该贷款的对象是持再就业优惠证的人员从事个体经营或合伙经营、组织起来就业，自筹资金不足的。就贷款规模和期限来说，对个人贷款额度一般掌握在2万元左右，贷款期限最长不超过2年，到期确需延长的，可展期1次，展期期限不能超过一年。中国人民银行、财政部、人力资源和社会保障部《关于进一步改进小额担保贷款管理积极推动创业促就业的通知》（银发［2008］238号）将个人小额担保贷款的最高额度调整为 5 万元，对符合条件的人员合伙经营和组织起来就业的，可适当扩大贷款规模。

对持再就业优惠证人员从事个体经营或合伙经营和组织起来就业申请小额担保贷款从事微利项目的，由中央财政据实全额贴息（展期不贴息）。具体微利项目由各地结合实际确定，报财政部、中国人民银行、人力资源和社会保障部备案。

2. 鼓励企业吸纳、分流安置的优惠政策

（1）企业吸纳持再就业优惠证人员实现就业的税收扶持政策

1）政策适用对象范围。企业类型范围包括商贸企业、服务型企业（国家限制的行业除外）、劳动就业服务企业中的加工型企业和街道社区具有加工性质的小型企业实体。服务型企业是指从事现行营业税“服务业”税目规定经营活动的企业，但国家限制的行业包括广告业、房屋中介、典当、桑拿、按摩、氧吧除外。

2）政策内容。企业实体在新增加的岗位中，当年新招用持再就业优惠证人员（国有企业下岗失业人员、国有企业关闭破产需要安置的人员、国有企业所办集体企业，即厂办大集体企业下岗职工，享受最低生活保障且失业 1 年以上的城镇其他登记失业人员），与其签订 1 年以上期限劳动合同并缴纳社会保险费的，按实际招用人数，在相应期限内定额依次扣减营业税、城市维护建设税、教育费附加和企业所得税，期限最长不超过 3 年。定额标准为每人每年 4 000 元，可上下浮动 20%，由各省、自治区、直辖市人民政府根据本地区实际情况在此幅度内确定具体定额标准，并报财政部和国家税务总局备案。企业实体享受政策必须具备的条件包括从事国家规定的有关行业；生产经营发展，增加了新的工作岗位；新招用持再就业优惠证的人员；与新招用人员签订 1 年以上的劳动合同并为其缴纳社会保险费。

3）申请税收减免程序

①申请对企业实体吸纳下岗失业人员认定。企业在新增岗位中新招用持再就业优惠证人员，与其签订 1 年以上期限劳动合同并缴纳社会保险费的，可向当地县级以上（含县级，下同）劳动保障部门递交企业吸纳下岗失业人员的认定申请，并报送新招用下岗失业人员持有的再就业优惠证、企业工资支付凭证（工资表）、职工花名册（企业盖章）、企业与新招用持有再就业优惠证人员签订的劳动合同（副本）、企业为职工缴纳的社会保险费记录、“持再就业优惠证人员本年度在企业预定（实际）工作时间表”及劳动保障部门要求的其他材料。县以上劳动保障部门对企业吸纳下岗失业人员的情况进行核定并出具“企业实体吸纳下岗失业人员认定证明”。

②申请减免税。具有县级以上劳动保障部门核发的企业实体吸纳下岗失业人员

认定证明及加盖劳动保障部门认定戳记的“持再就业优惠证人员本年度在企业预定（实际）工作时间表”的企业，可依法向主管税务机关申请减免税，并同时报送减免税申请表、企业实体吸纳下岗失业人员认定证明及其附表、再就业优惠证及主管税务机关要求的其他材料。

③享受减免税。经县级以上主管税务机关按规定条件审核无误的，确定减免税。企业自吸纳下岗失业人员的次月起享受税收扶持政策。

（2）对企业就业人员的社会保险补贴

政策适用对象范围。对各类商贸企业、服务型企业（国家限制的行业包括广告业、房屋中介、典当、桑拿、按摩、氧吧除外），新增岗位新招用持再就业优惠证人员，并与之签订 1 年期限劳动合同，缴纳社会保险费的，给予社会保险补贴。

1）补贴标准。按企业为符合享受社会保险补贴条件人员应缴纳的基本养老保险费、基本医疗保险费和失业保险费给予补贴，不包括持再就业优惠证人员个人应缴纳的基本养老保险费、基本医疗保险费和失业保险费，以及企业和个人应缴纳的其他社会保险费。

2）补贴期限。对企业就业人员的社会保险补贴期限应与劳动合同期限相一致，最长不超过 3 年。

3）补贴程序。社会保险补贴实行先缴后补的办法。企业应按规定及时足额缴纳基本养老保险费、基本医疗保险费和失业保险费，并在申报缴费时将符合享受社会保险补贴条件人员的缴费情况单独列出，季度终了后，企业凭再就业优惠证、劳动合同、社会保险缴费凭证等相关材料，按规定到当地县级以上劳动保障部门申请对上季度已缴纳的社会保险费给予补贴。

（3）国有大中型企业通过主辅分离和辅业改制分流安置企业富余人员税收扶持政策

1）政策对象范围。政策适用于国有大中型企业通过主辅分离和辅业改制分流安置本企业富余人员兴办的经济实体，但从事金融保险业、邮电通信业、娱乐业以及销售不动产、转让土地使用权，服务型企业中的广告业、桑拿、按摩、氧吧，建筑业中从事工程总承包的除外。

2）享受政策条件

①利用原企业的非主业资产、闲置资产或关闭破产企业的有效资产。

②独立核算、产权清晰并逐步实行产权主体多元化。

③吸纳原企业富余人员达到本企业职工总数 30%及以上，从事工程总承包以

外的建筑企业吸纳原企业富余人员达到本企业职工总数 70%及以上。

④与安置的职工变更或签订新的劳动合同。

3）政策内容和享受程序。凡符合以上条件的，经财政部门、国有资产监督管理部门（经贸部门）和劳动保障部门认定，税务机关审核，3 年内免征企业所得税。

3. 对灵活就业人员的社保补贴政策

（1）政策对象范围

对持再就业优惠证的“4050”人员（即女 40 周岁以上，男 50 周岁以上。计算年龄的截止时间由各地确定，最晚至 2007 年底）灵活就业后，申报就业并参加社会保险的，给予一定数额的社会保险补贴。

对灵活就业人员的社会保险补贴期限最长不超过 3 年。

（2）补贴标准

对灵活就业人员的补贴标准按其实际缴费额的一定比例计算，补贴数额原则上不超过其实际缴费额的 2/3。具体补贴标准由省级财政、劳动保障部门确定。

4. 免费公共就业服务

公共就业服务机构对持再就业优惠证人员免费提供政策咨询、职业指导、职业介绍等公共就业服务。各类职业中介机构按规定提供免费服务的，可按其实际介绍就业成功人数，凭相关证明材料向当地劳动保障部门申请职业介绍补贴。

5. 公益性岗位的社会保险补贴和岗位补贴政策

在公益性岗位上安排持再就业优惠证的就业困难对象，签订 1 年以上期限劳动合同的，在相应期限内给予社会保险补贴和适当岗位补贴。社会保险补贴标准为单位应缴纳的基本养老保险费、基本医疗保险费和失业保险费。持有再就业优惠证的“4050”人员在公益性岗位上工作超过三年的，社会保险补贴期限可相应延长。岗位补贴标准和办法由省级财政、劳动保障部门确定。公益性岗位两项补贴申领手续，由提供了公益性岗位的单位凭吸纳人员的再就业优惠证、劳动合同、社会保险缴费凭证等相关材料到当地县级以上劳动保障部门办理。

6. 职业培训补贴、职业技能鉴定补贴政策

持再就业优惠证的人员参加职业培训，可享受政府提供的一次性职业培训补贴。补贴标准和具体办法由各省、自治区、直辖市制定。对持再就业优惠证人员初次申请参加职业技能鉴定（限国家规定实行就业准入制度的指定工种）、生活确有困难的，可由鉴定机构到当地劳动保障部门申请职业技能鉴定补贴。补贴标准和具体办法由当地政府制定。职业培训补贴主要采取个人报销补贴和定点机构补贴两种形式。

以上政策审批期限截止到2008年12月31日。

二、失业人员就业扶持政策

1. 免费公共就业服务政策

公共就业服务机构负责为劳动者免费办理就业登记和失业登记，向失业人员提供免费公共就业服务。登记失业人员凭登记证在核发证件的省（区、市）内享受公共就业服务和就业扶持政策。对社会各类职业介绍机构按规定提供免费的，可按经其免费职业介绍服务后实际就业人数，凭相关证明材料向当地劳动保障部门申请职业介绍补贴。

2. 税收减免扶持政策

《国务院关于进一步加强就业再就业工作的通知》（国发［2005］36号）规定的各项税收政策继续有效，审批截止日期为2008年底，2009年以后的税收政策另行规定。登记失业人员创办企业的，凡符合相关条件的，可按国家规定享受税收优惠政策。

3. 免收行政事业性收费政策

登记失业人员从事个体经营的，按规定免收属于管理类、登记类和证照类的各项行政事业性收费，政府扶持期限最长不超过三年。

4. 职业培训补贴和职业技能鉴定补贴政策

国家建立健全面向全体劳动者的职业技能培训制度。鼓励支持各类职业院校、职业技能鉴定培训机构和用人单位依法开展就业前培训、在职培训、再就业培训和创业培训。对失业人员参加职业培训的，按规定给予职业培训补贴。

5. 小额担保贷款政策

对登记失业人员从事个体经营和合伙经营的，给予小额担保贷款政策扶持，最高额度为5万元。根据《国务院关于促进就业工作的通知》（国发［2008］5号）及其配套文件的规定，对当年新招用符合小额担保贷款申请条件的人员达到企业现有在职职工总数30%（超过100人的企业达15%）以上，并与其签订1年以上劳动合同的劳动密集型小企业，经办金融机构根据企业实际招用人数合理确定小额担保贷款额度，最高不超过人民币200万元，贷款期限不超过2年。财政贴息50%。对2007年底前核准的小额担保贷款项目仍按《国务院关于进一步加强就业再就业工作的通知》（国发［2005］36号）规定的政策执行。

三、就业困难人员扶持政策

进一步完善面向所有就业困难人员的就业援助制度，及时帮助零就业家庭解决就业困难。积极帮助和扶持有就业愿望和就业能力，且积极求职的就业困难人员就业。要通过公益性岗位援助等多种途径，对所有就业困难人员实行优先扶持和重点帮助。

1. 公益性岗位社会保险补贴、岗位补贴政策

各地政府投资开发的公益性岗位要优先安排符合岗位要求的就业困难人员，并视其缴纳社会保险费的情况，在相应期限内给予基本养老保险、基本医疗保险和失业保险补贴以及适当的岗位补贴。

2. 对企业招用就业困难人员的社会保险补贴政策

对各类企业招用就业困难人员，签订劳动合同并缴纳社会保险费的，在相应期限内给予基本养老保险、基本医疗保险和失业保险补贴。

3. 灵活就业社会保险补贴政策

对就业困难人员灵活就业后申报就业并缴纳社会保险费的，给予一定数额的社会保险补贴。社会保险补贴和岗位补贴期限，除对距法定退休年龄不足五年的人员可延长至退休外，其余人员最长不超过三年。

4. 鼓励就业困难人员参加职业培训的职业培训补贴和职业技能鉴定补贴政策

对就业困难人员参加职业培训的，可按规定给予职业培训补贴。对通过初次职业技能鉴定（限国家规定实行就业准入制定的工种）取得职业资格证书的，给予一次性职业技能鉴定补贴。

5. 鼓励就业困难人员自谋职业、自主创业的政策

对就业困难人员从事个体经营和合伙经营的，给予小额担保贷款政策扶持，最高额度为 5 万元；要收最长不超过三年的管理类、登记类和证照类行政事业性收费；按规定给予税收优惠政策。

6. 加强对零就业家庭的就业援助

各地要依托街道、社区公共就业服务机构进一步完善零就业家庭申报认定制度，规范审核认定程序，建立专门台账，及时接受零就业家庭的就业援助申请。要多渠道开发就业岗位，提供有针对性的职业介绍、职业培训等就业服务和公益性岗位援助，通过多种形式帮扶零就业家庭人员实现就业。对其中符合条件的就业困难人员，要及时兑现各项扶持政策。建立动态管理、动态援助的长效工作机制，确保城市有就业需求的家庭至少有一人就业。

7. 上级政府的扶持政策

对因资源枯竭或者经济结构调整等原因造成就业困难人员集中的地区，上级人民政府应当给予必要的扶持和帮助。

四、残疾人就业扶持政策

国家保障残疾人劳动的权利。各级人民政府应当对残疾人劳动就业进行统筹规划，为残疾人创造劳动就业条件。残疾人劳动就业，实行集中与分散相结合的方针，采取优惠政策和扶持保护措施，通过多渠道、多层次、多种形式，使残疾人劳动就业逐步普及、稳定、合理。

1. 鼓励按比例就业的政策

国家机关、社会团体、企事业单位、民办非企业单位应当安排残疾人就业的比例不得低于本单位在职职工总数的1.5%，并为其选择适当的工种和岗位。用人单位达不到规定比例的，按照国家有关规定履行保障残疾人就业的义务。国家鼓励用人单位超过规定比例安排残疾人就业。国家对安排残疾人就业达到、超过规定比例或者集中安排残疾人就业的用人单位依法给予税收优惠，并在生产、经营、技术、资金、物资、场地等方面给予扶持。

2. 鼓励集中安排就业的政策

政府和社会依法兴办的残疾人福利企业、盲人按摩机构和其他福利性单位，应当集中安排残疾人就业。集中使用残疾人的用人单位中从事全日制工作的残疾人职工，应当占本单位在职职工总数的25%以上。

3. 鼓励自主择业、自主创业政策

对申请从事个体经营的残疾人，有关部门应当优先核发营业执照。对残疾人从事个体经营的，应当依法给予税收优惠，有关部门应当在经营场地等方面给予照顾，并按照规定免收管理类、登记类和证照类的行政事业性收费；国家对自主择业、自主创业的残疾人在一定期限内给予小额信贷等扶持。

4. 公益性岗位政策

地方各级人民政府应当开发适合残疾人就业的公益性岗位。

5. 免费公共就业服务政策

公共就业服务机构应当为残疾人提供免费就业服务。残疾人联合会组建残疾人就业服务机构，组织开展免费职业指导、职业介绍和职业培训，为残疾人就业和用人单位招用残疾人提供服务和帮助。

6. 鼓励和支持农村残疾人就业政策

对从事各类生产劳动的农村残疾人，有关部门应当在生产服务、技术指导、农用物资供应、农副产品购销和信贷等方面给予帮助。

7. 岗位技术培训政策

残疾职工所在单位应当对残疾职工进行岗位技术培训，提高其劳动技能和技术水平。

8. 反对就业歧视

用人单位应当为残疾人职工提供适合其身体状况的劳动条件和劳动保护，不得在晋职、晋级、评定职称、报酬、社会保险、生活福利等方面歧视残疾人职工。

五、城镇退役军人政策

1. 对失业且有再就业愿望的部分军队退役人员，凭退役证、身份证到劳动保障部门办理求职登记，符合《国务院关于进一步加强就业再就业工作的通知》（国发［2005］36 号）规定条件的，办理再就业优惠证，享受相应的再就业扶持政策。

2. 免费公共就业服务政策。

3. 小额担保贷款政策。对从事个体经营或合伙经营的，给予小额担保贷款政策扶持。

六、进城务工的农村劳动者就业扶持政策

国家对农村转移劳动力的就业政策，主要是针对农村转移劳动力的特点，提高其职业技能和就业能力。

1. 免费公共就业服务

公共就业服务机构为进城登记求职的农村劳动者免费提供政策咨询、职业指导、职业介绍等服务。

2. 职业培训补贴和政策

符合条件的进城务工农村劳动者参加职业培训的，按规定给予职业培训补贴。国家在全国范围内组织实施“农村劳动力技能就业计划”，组织在岗农民工参加技能提升培训并给予培训补贴。实施“农村劳动力转移培训阳光工程”，对农村劳动力参加转移培训的给予一定的培训补贴。

3. 职业技能鉴定补贴

对进城务工农村劳动者通过初次职业技能鉴定（限国家规定实行就业准入制度

的特殊工种）并取得职业资格证书的，给予一次性的职业技能鉴定补贴。

七、高校毕业生就业服务政策

1. 大力支持高校毕业生到中小企业和非公有制单位就业

凡录用高校毕业生的中小企业和非公有制单位，必须与毕业生签订劳动合同、兑现劳动报酬、缴纳社会保险，劳动保障部门要依法加强监督检查。在非公有制单位就业并参加了基本养老保险的高校毕业生，今后考录或招聘到国家机关、事业单位工作，其缴费年限可合并计算为工龄。

2. 积极鼓励、支持高校毕业生自主创业和灵活就业

高校毕业生从事个体经营的，除国家限制的行业外，自在工商部门注册登记日期起，在其毕业后2年以内的，自其在工商部门登记注册之日起3年内免交登记类、管理类和证照类的各项行政事业性收费。对自主创业且符合条件的毕业生，在其自筹经费不足时，可申请小额担保贷款，对从事微利项目的，贷款利息由财政承担50%。

3. 引导和鼓励高校毕业生面向基层就业

针对高校毕业生就业面临的一些困难和问题，以及广大基层特别是西部地区和广大农村人才匮乏的状况，2005年，中共中央办公厅、国务院办公厅发了《关于引导和鼓励高校毕业生面向基层就业的意见》，对高校毕业生到基层特别是西部地区、边远地区和广大农村就业，制定了一系列的扶持政策，涉及户籍、人事代理、创业扶持、公务员考录等各个方面。为了更好地贯彻文件精神，按照国务院要求，财政部会同有关部门，实施了一系列专项计划，如“大学生志愿服务西部计划”“三支一扶（支教、支医、支农、扶贫）”“选聘高校毕业生到村任职”“农村义务教育阶段学校教师特设岗位计划”等，鼓励高校毕业生为西部地区、边远地区和广大农村的基础教育、医疗卫生、文化、农技推广等公共事业提供服务，各级财政对大学生的生活费（或工资）、享受相关保障待遇应缴纳的费用等按规定给予补助。另外，对毕业后自愿到艰苦地区、艰苦行业工作，服务达到一定年限的学生，其在校期间的国家助学贷款本息由国家代为偿还；对自愿到西部地区及县级以下的基层创业的高校毕业生，其自筹资金不足时，也可申请小额担保贷款，对从事微利项目的，贷款利息由财政承担50%。

4. 进一步完善对未就业应届毕业生的失业登记制度

对登记失业的高校毕业生，劳动保障部门要建立专门台账，免费提供政策咨询、职业指导和职业介绍服务；并组织他们参加职业资格培训、职业技能鉴定或就业见习、创业培训，按规定给予职业培训补贴等。

5. 要把对困难家庭高校毕业生的就业援助工作纳入政府援助困难群体就业的政策体系

对离校后回原籍的“零就业”家庭未就业毕业生进行逐户逐人登记，优先安排进入高校毕业生就业见习基地，给予见习补贴，并实施重点帮助，提供有针对性的就业服务和公益性岗位帮助。对符合条件的困难家庭高校毕业生给予最低生活保障或临时救助，切实把党和政府的关爱落实到困难毕业生身上。

学习单元 3　社会保险政策咨询服务

学习目标

能够对服务对象咨询的有关养老保险、医疗保险、失业保险和工伤保险等政策进行查询、解答和提供途径、方法。

知识要求

一、基本养老保险的有关规定

1. 覆盖范围

基本养老保险制度的覆盖范围为城镇所有企业及其职工。自由职业者、城镇个体经济从业人员应参加基本养老保险，具体办法由各省、自治区、直辖市人民政府规定。

2. 基金筹集和管理

基本养老保险制度实行社会统筹与个人账户相结合的办法，基本养老保险费由企业和职工共同负担。

企业缴纳基本养老保险费的比例一般不得超过企业工资总额的 20%。企业缴费部分全部纳入社会统筹基金，并以省（自治区、直辖市）为单位进行调剂。社会统筹基金纳入财政专户，实行收支两条线管理。“收支两条线”是指国家机关、事业单位、社会团体及其他组织，将按照国家有关规定依法取得的政府非税收收入全额缴入国库或者财政专户，支出通过财政部门编制预算进行统筹安排，资金通过国库或财政专户收缴和拨付的管理机制。

国务院《关于完善企业职工基本养老保险制度的决定》（国发［2005］38 号）

规定，从2006年1月1日起，个人账户的规模统一由本人缴费工资的11%调整为8%，全部由个人缴费形成，单位缴费不再划入个人账户。个人账户基金只用于职工养老，不得提前支取。职工跨统筹范围流动时，个人账户随同转移。职工或退休人员死亡，个人账户基金可以继承。

3. 领取基本养老金的条件

职工按月领取基本养老金必须具备两个条件：一是达到法定退休年龄，并已办理退休手续；二是个人缴费至少满15年（过渡期内缴费年限包括视同缴费年限）。目前，我国企业职工的法定退休年龄为男职工60岁；从事管理和科研工作的女职工55岁；从事生产和工勤辅助工作的女职工50岁。

4. 待遇支付

《国务院关于建立统一的企业职工基本养老保险制度的决定》（国发［1997］26号）实施后参加工作、缴费年限（含视同缴费年限，下同）累计满15年的人员，退休后按月发给基本养老金。基本养老金由基础养老金和个人账户养老金组成。退休时的基础养老金月标准以当地上年度在岗职工月平均工资和本人指数化月平均缴费工资的平均值为基数，缴费每满1年发给1%。个人账户养老金月标准为个人账户储存额除以计发月数，计发月数根据职工退休时城镇人口平均预期寿命、本人退休年龄、利息等因素确定。

国发［1997］26号文件实施前参加工作，国务院《关于完善企业职工基本养老保险制度的决定》（国发［2005］38号）实施后退休且缴费年限累计满15年的人员，在发给基础养老金和个人账户养老金的基础上，再发给过渡性养老金。各省、自治区、直辖市人民政府按照待遇水平合理衔接、新老政策平稳过渡的原则，在认真测算的基础上，制定具体的过渡办法。

国务院《关于完善企业职工基本养老保险制度的决定》（国发［2005］38号）实施后到达退休年龄但缴费年限累计不满15年的人员，不发给基础养老金；个人账户储存额一次性支付给本人，终止基本养老保险关系。

国务院《关于完善企业职工基本养老保险制度的决定》（国发［2005］38号）实施前已经离退休的人员，仍按国家原来的规定发给基本养老金。

根据职工工资和物价变动等情况，国务院适时调整企业退休人员基本养老金水平，调整幅度为省、自治区、直辖市当地企业在岗职工平均工资年增长率的一定比例。

领取基本养老金的退休人员死亡后，其遗属可领取丧葬补助费和遗属津贴，由基本养老保险统筹基金支付。

二、基本医疗保险的有关规定

1. 覆盖范围

基本医疗保险制度的覆盖范围为城镇所有用人单位及其职工。乡镇企业及其职工、城镇个体经济从业人员是否参加基本医疗保险，由各省、自治区、直辖市人民政府确定。

2. 基金筹集和管理

基本医疗保险制度实行社会统筹与个人账户相结合的办法，基本医疗保险费由单位和职工共同负担。用人单位缴费率控制在工资总额的6%左右，职工个人缴费比例一般为本人工资的2%。各统筹地区的具体筹资标准由当地政府确定。

用人单位缴纳的基本医疗保险费分为两部分：一部分用于建立统筹基金；另一部分即单位缴费的30%左右划入职工个人账户，具体划入比例由统筹地区根据个人账户的支付范围和职工年龄等因素确定。职工个人缴纳的基本医疗保险费，全部记入个人账户。个人账户的本金和利息归个人所有，但只能用于支付本人的医疗费。

3. 待遇支付

基本医疗保险统筹基金和个人账户的支付范围和支付办法不同，实行分别核算，不得互相挤占。统筹基金主要用于支付大额和住院医疗费用，个人账户主要用于支付小额和门诊医疗费用。

三、失业保险的有关规定

1. 覆盖范围

失业保险的覆盖范围为城镇各类企业事业单位及其职工。省、自治区、直辖市人民政府根据本地实际情况，可以决定适用于本行政区域内的社会团体及其专职人员、民办非企业单位及其职工、有雇工的城镇个体工商户及其雇工。

2. 基金筹集和管理

失业保险基金主要由单位、职工缴纳的失业保险费和财政补贴构成。城镇企业事业单位按照本单位工资总额的2%、职工按照本人工资的1%缴纳失业保险费。失业保险基金入不敷出时，财政给予必要补贴。此外，失业保险基金存入银行和购买国债所得利息，也是失业保险基金收入的一部分，必须并入基金。

3. 待遇支付

失业保险基金首先要用于保障失业人员基本生活的支付，包括支付失业保险金、领取失业保险金期间的医疗补助金以及领取失业保险金期间死亡的失业人员的丧葬补助金及其供养的配偶、直系亲属的抚恤金。按照有关规定，各个内容又包括了多个支出项目。

（1）基本生活保障支出

基本生活保障支出直接用于保障失业人员和其他相关人员的基本生活，包括失业保险金支出、医疗补助金支出、丧葬抚恤补助支出、国有企业下岗职工基本生活保障支出以及农民合同制工人一次性生活补助支出等。

（2）促进再就业支出

促进再就业支出是为了帮助失业人员尽快实现再就业，按规定从失业保险基金中列支的费用，包括对失业人员开展职业技能培训以及向他们提供职业介绍服务的职业培训补贴和职业介绍补贴。

（3）基金往来支出

在失业保险基金的运行过程中，上、下级失业保险经办机构以及不同统筹地区的失业保险经办机构之间要经常发生资金往来关系，形成一些特殊的基金支出项目，如上解上级支出、补助下级支出和转移支出等。

（4）转移支出

这是一个选择性的支出项目。按照有关规定，参保单位跨统筹安排地区转移或参保职工跨统筹地区流动时，失业保险关系随之转移，参保单位和职工缴纳的失业保险基金是否转移，按有关规定执行，没有规定的由转出地与转入地的失业保险经办机构协商决定。

（5）其他支出

失业保险基金的其他支出项目是指除上述支出项目外，国务院规定或者批准的与失业保险有关的其他支出。

4. 享受失业保险待遇的条件

（1）按照规定参加失业保险，所在单位及本人履行缴费义务已满1年。

（2）非因本人意愿中断就业。

（3）已办理失业登记并有求职要求。

5. 待遇标准

失业人员享受失业保险待遇的期限，根据失业人员失业前所在单位和本人累计缴费时间长短计算。具体规定为累计缴费时间满1年不足5年的，领取期限最长为12个月；累计缴费时间满5年不足10年的，领取期限最长为18个月；累计缴费时间10年以上的，领取期限最长为24个月。失业人员重新就业后再次失业的，缴费时间重新计算，但领取失业保险金的期限可以与前次失业应领取而尚未领取的失业保险金的期限合并计算，最长不得超过 24 个月。

四、工伤保险的有关规定

1. 覆盖范围

我国境内的各类企业，都应参加工伤保险。有雇工的个体工商户参加工伤保险的具体步骤和实施办法，由各省、自治区、直辖市人民政府规定。

2. 基金筹集和管理

国家根据不同行业的工伤风险程度确定行业的差别费率。在实行行业差别费率的基础上，建立单位缴费浮动机制。根据用人单位的工伤发生情况和工伤保险费使用情况确定用人单位缴费费率。用人单位缴纳工伤保险费的数额为本单位职工工资总额乘以单位缴费费率之积。职工个人不缴纳工伤保险费。工伤保险基金由用人单位缴纳的工伤保险费、工伤保险基金的利息和依法纳入工伤保险基金的其他资金构成。

工伤保险基金实行收支两条线管理：

工伤保险基金存入社会保障基金财政专户，用于规定的工伤保险待遇、劳动能力鉴定以及法律、法规规定的用于工伤保险的其他费用的支付。任何单位或者个人不得将工伤保险基金用于投资运营、兴建或改建办公场所、发放资金，或者挪作其他用途。

工伤保险基金应当留有一定比例的储备金，用于统筹地区重大事故的工伤保险待遇支付；储备金不足支付的，由统筹地区的人民政府垫付。储备金占基金总额的具体比例和储备金的使用方法，由省、自治区、直辖市人民政府规定。

3. 待遇支付

工伤认定是工伤职工享受待遇的前提。职工受到事故伤害或被诊断为职业病后，所在单位应向统筹地区劳动保障行政部门提出工伤认定申请。工伤认定主要涉及两方面内容，一是存在劳动关系，二是符合工伤范围。

在认定为工伤的基础上，由劳动能力鉴定委员会组织专家对劳动功能障碍程度和生活自理障碍程度进行鉴定。劳动功能障碍分为十个伤残等级，生活自理障碍分为三个等级。劳动能力鉴定是确定工伤保险待遇的依据。

工伤保险待遇包括医疗康复待遇、伤残待遇和死亡待遇三类。其中，由工伤保险基金支付的待遇项目有工伤医疗费用、康复性治疗费用和辅助器具安装配置费用等工伤医疗待遇；一次性伤残补助金、一级至四级伤残的伤残津贴、生活护理费等伤残待遇；一次性工亡补助金、丧葬补助金和供养亲属抚恤金等工亡待遇。用人单位要负责住院伙食补助费、转外地治疗的交通和食宿费、停工留薪期内的工资福利待遇；五级、六级伤残的伤残津贴；与职工解除劳动关系时支付的一次性工伤医疗补助金和伤残就业补助金等。

五、生育保险的有关规定

1. 覆盖范围

生育保险的实施范围为城镇企业及其职工。

2. 基金筹集

参保企业缴费比例由当地人民政府确定，但最高不得超过企业职工工资总额的1%，职工个人不缴费。

3. 待遇支付

参保职工依法享受生育津贴和生育医疗服务。生育津贴按企业上年度职工月平均工资计发，支付期限以法定产假期为依据，多为3个月左右。生育医疗服务涵盖妊娠、分娩全过程，女职工生育出院后，因生育引起疾病的医疗费也由生育保险基金支付。

第2节　就业援助

学习单元1　就业援助对象的认定

学习目标

1. 熟悉就业援助对象的概念和范围。
2. 掌握就业援助对象的认定程序。

知识要求

一、就业援助对象的范围

就业援助对象包括就业困难人员和零就业家庭。就业困难人员是指因身体状况、技能水平、家庭因素、失去土地等原因难以实现就业，以及连续失业一定时间仍未能实现就业的人员。就业困难人员一般包括以下有劳动能力和就业愿望的人员：

一是因身体状况导致就业困难的人员。通常指年龄偏大、疾病或者身体残疾的就业困难人员。年龄偏大的对象范围一般指女性年满 40 周岁、男性年满 50 周岁的“4050”人员。其他身体原因指因心理、生理或人体结构原因，部分丧失劳动能力的人员。

二是因技能水平导致就业困难的人员。通常指文化素质偏低，职业技能缺乏、陈旧或不能适应岗位需要等市场竞争能力较差的就业困难人员。

三是因家庭因素导致就业困难人员。通常指夫妻双下岗、双失业的家庭，城镇享受最低生活保障待遇的家庭所涉及的就业困难人员，以及由其他成员导致家庭负担过重，致使本人就业困难的人员。

四是因失去土地导致就业困难的人员。通常指因土地被全部或部分征用、生活无着落、就业困难的被征地人员。

五是连续失业一定时间仍未能就业的人员。按我国现行政策规定，连续失业一定时间，通常指登记失业 1 年以上的失业人员。

我国幅员辽阔，各地经济社会发展水平、人力资源状况和劳动者就业困难情况存在较大差异，因此，法律还规定，由省、自治区、直辖市人民政府根据本地区的实际情况进行规定，从实际出发解决就业困难人员问题。

零就业家庭是指法定劳动年龄内的家庭人员均处于失业状况的城市居民家庭。

就业援助对象如图 2—1 所示。

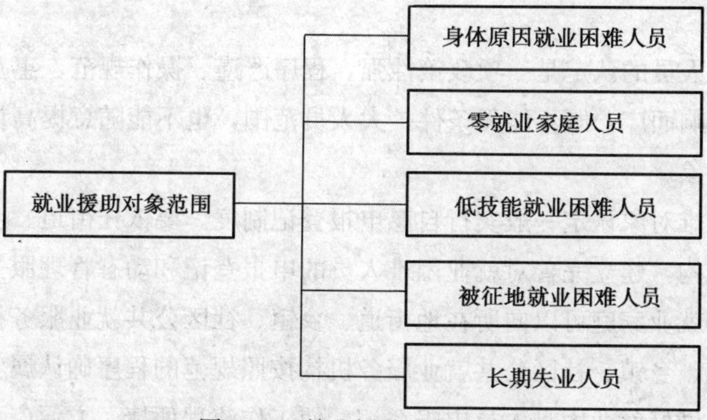

图 2—1　就业援助对象范围

二、就业困难人员就业难的主要原因

1. 由于经济体制的变化

在过去计划经济体制下，劳动者的就业，由国家统包统揽。市场经济体制下的就业方针是“劳动者自主择业，市场调节就业，政府促进就业”。劳动者和用人单位实行双向选择，部分劳动者年龄偏大、文化偏低、技能单一，在市场竞争中处于不利地位。

2. 企业改制和结构调整

在前些年的国企改革中，成千上万的国有企业下岗职工与企业解除劳动关系，顺利实施并轨。由于历史原因，这部分人知识和技术相对老化，缺乏市场竞争能力，缺乏自主择业能力，就业竞争能力较弱，他们的素质和技能大多与劳动力市场需求存在比较大的偏差，仅靠市场机制解决不了他们的就业问题。

3. 技术进步和企业生产工艺水平的提高

当前，随着科学技术不断进步，大部分生产性企业生产设备智能水平有了很大提高，生产工艺和流程也都有了相应程度的优化，因此岗位技能要求也随之水涨船高，部分就业困难人员职业技能不能适应这一变化，造成就业困难。经营性企业和第三产业的装备和科技含量也有较大程度的提高，就业困难人员职业技能和这部分用人单位岗位需求不相匹配。

4. 择业观念相对滞后

普遍存在依赖心理，就业观念转变滞后，择业观念误区重重。

能力要求

就业援助对象的认定程序

就业困难人员的认定是一项政策性强、程序严谨、操作规范、惠及千家万户的工作，社会影响面广，既不能无条件扩大人员范围，也不能随意提高认定标准，遗漏就业困难对象。

对就业困难对象认定一般实行自愿申报登记制度。要依托街道、乡镇、社区劳动保障服务机构，建立完善对就业困难人员的申报登记和动态管理服务制度。就业困难人员和零就业家庭可以向所在地街道、乡镇、社区公共就业服务机构申请就业援助。经街道、乡镇、社区公共就业服务机构按照规范的程序确认属实的，纳入就业援助范围。做好就业困难人员申报登记，使工作流程便捷，方便广大群众，做到随时申报、随时登记、随时认定、随时援助，是认定工作的主要工作要求。对就业援助对象的认定应严把就业困难人员“进”与“出”两关：对新产生的就业困难人员要认真落实申报登记制度，进入正常援助程序；对由于就业不稳定再次成为就业困难人员的，要重新认定后继续纳入援助程序。就业援助应采取“一对一”帮扶方式，针对不稳定因素开展个性服务，促进所有就业困难人员在一定时间段内实现相对稳定就业再就业。

一般来讲，就业困难对象认定应遵循个人（家庭）申请，社区公示、核查，街道（乡镇）初审、县（区）劳动保障部门认定的工作程序。图 2—2 所示是某地在实际操作中的具体工作流程。

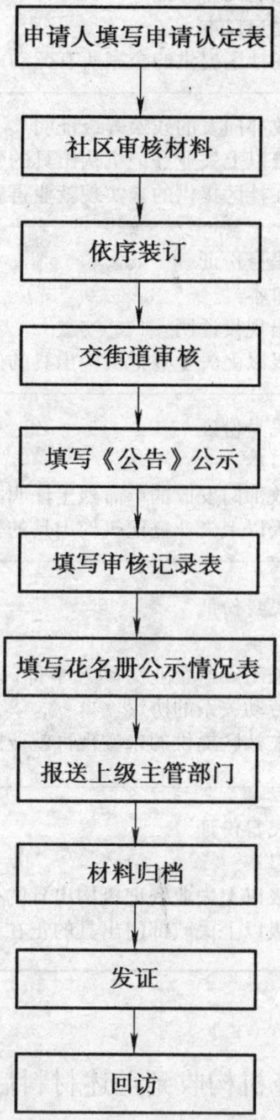

图 2—2　某市就业困难人员申请认定工作流程图

1. 提出申请

申请人应向户籍所在社区劳动保障服务机构提出申请，并填写就业困难人员申请认定表（以下简称申请认定表）。

申请人在提交申请的同时应提供以下相关材料（某地案例见表 2—1）：

表 2—1　　　　申请相关材料

序号	申请人类型	所需相关材料
1	失业人员中的大龄人员	再就业优惠证或失业登记证明 居民身份证 所在社区提供的未实现再就业的证明
2	零就业家庭	户主居民身份证 家庭户口本 所在社区提供的全家所有劳动力未实现就业再就业的证明
3	残疾人员	民政部门发的残疾等级证明 县级以上失业登记机构出具的失业登记证明 所在社区提供的未实现就业再就业的证明
4	城镇退役人员	居民身份证 户口本 退出现役证明 县级以上失业登记机构出具的失业登记证明
5	烈士家属及其子女	居民身份证 户口本 民政部门发放的革命烈士证明书 县级以上失业登记机构出具的失业登记证明
6	独立工矿区就业困难的失业人员	居民身份证 户口本 原关闭破产企业劳动人事部门出具的下岗证明或与原企业解除（终止）劳动关系的协议 所在社区提供的未实现再就业的证明
7	正在享受城市居民最低生活保障待遇且失业一年以上的城镇其他登记失业人员	居民身份证 户口本 县级以上失业登记机构出具的失业人员登记证明 县级以上民政部门出具的正在享受城市居民最低生活保障待遇的凭证

2. 核实初审

街道、乡镇、社区劳动保障机构收到上述材料后，应对其资料进行审查，在一定的时间内完成审查工作，并逐一登记造册，经所在社区张榜公示一定时间无异议后，在申请认定表上签署意见，报县级劳动保障部门审批。

3. 审核认定

县级劳动保障部门接到街道、乡镇、社区劳动保障机构上报的申请认定表后，一定的工作日内完成复审认定工作。符合规定条件的，由县级劳动保障部门审核认定，对持再就业优惠证的就业困难人员在其再就业优惠证上予以注明；按照国发 5

号文件进行就业失业登记制度后，在就业失业登记证上注明。

学习单元 2 就业援助方法及途径

学习目标

1. 熟悉公益性岗位的开发渠道与相关政策，对就业援助对象进行公益性岗位援助。

2. 运用企业吸纳安置就业困难人员优惠政策，鼓励和引导企业吸纳就业困难人员就业。

3. 运用就业困难人员自主创业、自谋职业、灵活就业优惠政策，指导和帮助就业困难人员自主创业、自谋职业和灵活就业。

知识要求

一、就业援助方法及途径

1. 就业援助方法

就业援助方法主要有政策援助法、岗位援助法、培训援助法、就业服务援助法。

2. 就业援助途径

政策援助的途径主要是通过政策扶持，鼓励和引导用人单位吸纳安置就业援助对象，以及灵活就业。岗位援助的主要途径是政府出资购买或开发公益性岗位、创办安置基地用于安排援助对象就业。培训援助的主要途径是鼓励和支持就业援助对象参加职业技能培训、就业训练和创业培训，帮助就业援助对象提高就业能力和创业能力。就业服务援助的主要途径主要是公共就业服务机构免费提供专门的职业指导、职业介绍、劳动保障事务代理等，帮助援助对象实现就业。

二、公益性岗位的有关规定

1. 公益性岗位的概念

公益性岗位是指主要由政府作为出资主体，扶持或通过社会筹集资金开发的，以安置就业困难人员为主，符合社会公共利益需要的服务性岗位和协助管理岗位。

2. 政府投资公益性岗位的类型

政府投资公益性岗位包括：一是协助政府行使公共管理职能所必需的就业岗位。比如，劳动保障协理、公共交通协管、社会治安协管、环境卫生协管等。二是政府为满足社会公众需要，投入相关基础设施的就业岗位。比如，车辆看管、书报亭、电话亭等。三是政府补贴，社会共同出资形成的、维护社区正常运转的岗位。比如，社区保洁、社区保安、社区绿化等。此外，一些地方还规定机关、事业单位的门卫、收发、后勤服务等用工岗位也应作为政府投资开发的岗位。

3. 公益性岗位政策

政府投资开发的公益性岗位要优先安排就业困难对象，并给予社会保险补贴；同时，各地可根据实际提供适当比例的岗位补贴。

4. 公益性岗位开发原则

省、市劳动保障部门应根据岗位需求和就业援助对象的实际情况，确定年度开发安置计划。凡有公益性岗位需求的机关事业单位、街道、乡镇和社区，及时向省、市上报开发计划，内容包括申报事由、岗位名称、岗位数量、工作内容、上岗条件、工资待遇等情况。公益性岗位设岗定员整体应遵循因事设岗、以岗定人、按需定员、总量控制、工作量满负荷、岗位不交叉不重复、岗位数量限额的原则，应科学安排，充分发挥公益性岗位作用。在街道、社区开发保洁保绿、居家养老服务、治安巡逻岗位，应按社区规模、人口总量、老龄化程度、空地绿地面积、安全设施等实际情况确定；在城市主要街道开发交通协勤、城管协管、环卫保洁岗位，应按道路规模、繁华程度、单位密度、环卫设施等情况确定；机关、企事业单位后勤服务岗位应按编制、比例定岗定员。

能力要求

一、公益性岗位的申请与安置程序

公益性岗位的申请程序：个人申请，社区审查，街道（乡镇）复审，确认公示四个程序。

公益性岗位的安置程序：

1. 综合用人单位的公益岗位需求，公共就业服务机构确定本年度岗位数量并提供就业援助对象。

2. 根据用人单位的岗位条件，由用人单位和公共就业服务机构组织岗前培训，并颁发培训结业证书。

3. 培训合格的申请人根据各自的就业意愿和用人单位的岗位要求，填报职业申请。

4. 用人单位根据岗位需求对申请人组织面试考核、择优录用。

5. 综合用人单位录用名单，并进行公示。

6. 用人单位与公示无异议的录用人员签订劳动合同并报劳动保障部门备案。劳动合同按年度签订，有试用期的，试用期不得超过《劳动合同法》规定的期限。街道、乡镇、社区本着“先特困、后困难”的原则，优先推荐零就业家庭成员及失业人员中的大龄人员等政府指定援助对象。

二、鼓励用人单位吸纳就业困难人员的方法

1. 联系辖区单位提供岗位

辖区单位中蕴藏着大量的可供利用的就业岗位，特别是后勤服务大有可为。通过建立“辖区单位走访服务制度”，积极与辖区用人单位加强联系，为其提供环境卫生治理、后勤服务等多种服务，争取辖区单位的支持和帮助。同时，还可以通过走访调研，及时了解各个单位的用工需求，并针对掌握的岗位信息，积极推荐就业困难人员再就业。

2. 引导辖区外用人单位吸纳就业

鼓励各种形式的用人单位，特别是新办企业、单位，要积极响应政府号召，勇于承担社会责任，积极主动安排困难人员就业。劳动保障协理员要积极配合和协调有关部门贯彻落实就业再就业政策，对一些劳动密集型企业，综合运用税收、社会保险补贴等优惠政策，鼓励吸纳安置就业困难人员。

3. 服务帮扶就业

对就业困难人员要真情服务、为民办事、感动人心、凝聚力量，使用人单位和就业困难人员对公共就业服务机构有一种“家”的感觉，并与辖区、周边用人单位建立长期岗位供求联系，签订“人力资源供求服务协议”，为就业困难人员提供方便快捷的就业服务，以真心回报真情，用自己的实际行动为社会大家庭的建设添砖加瓦。

三、引导就业困难人员自主创业、自谋职业的办法

一是协助落实就业扶持政策。劳动保障协理员通过街道社区劳动保障平台，及时为符合条件的就业困难人员审核办理再就业优惠证或失业就业登记证等有关证

件。协调落实创业场地、工商营业执照、税务登记证，协助办理落实优惠政策、招收员工等，为自主创业、自谋职业的就业困难人员提供全程跟踪服务。

二是开展创业培训。根据就业困难人员开展创业的特点和需求，举办多形式、多渠道的职业技能培训和创业培训，同时加强创业指导，提高就业困难人员自主创业、自谋职业的能力。

三是指导解决创业资金不足问题。做好与有关部门协调服务的工作，针对就业困难人员创业资金不足的问题，积极指导和帮助他们申请小额担保贷款，帮助解决开办小型企业和从事个体经营过程中资金不足的问题。

四是提供全方位服务。指导自主创业的就业困难人员，利用好有关部门建立的信息服务、经营咨询服务体系，在生产、经营和销售等方面获得服务和帮助。

四、鼓励灵活就业的方法

综合近几年各地开展就业困难人员灵活就业工作的经验，鼓励就业困难人员灵活就业的方法有：

一是加强协调、落实政策。协调落实针对灵活就业人员的社保补贴等政策，增强就业稳定性。

二是提供就业信息。广泛收集就业信息，为就业困难人员提供方便快捷的就业服务。积极组织和举办免费用工招聘洽谈会，加强灵活就业人员与用人单位的联系，增加就业机会。

三是强化就业服务。公共就业服务机构应积极为灵活就业人员办理参保、续保等相关手续，方便灵活就业人员参保缴费。同时，也可以根据灵活就业人员流动性大、稳定性差的特点，协调有关部门开设异地缴费业务，为外出务工人员续保缴费提供方便。

四是维护劳动权益。对受雇于大中型企业的临时工、小时工、劳务工和季节工，重点应放在规范这些企业的用工行为和维护劳动者合法权益上，从而防止用人单位在采取灵活用工方式的同时逃避法律义务。协调落实企业雇用的临时工、小时工和季节工享受与企业职工同工同酬、同等的保险和福利待遇，以及国家所规定的安全生产、卫生条件。

五是兜底帮扶。公共就业服务机构要收集一批公益性岗位，对那些自身已经努力，但确实不能适应推荐工作岗位要求，或因家庭原因对工作岗位有特定时间、地域要求，并经过多次帮扶后仍未实现就业的困难人员，要集中进行兜底帮扶。

学习单元 3　就业援助的动态管理

学习目标

能够定期走访辖区内就业困难对象，并跟踪管理其就业变化情况

知识要求

一、就业援助的概念

援助顾名思义就是支援、帮助。就业援助是指公共就业服务机构通过贯彻落实国家法律、法规和党和政府各项促进就业政策对就业困难人员实施就业服务等方面的具体帮助，帮助他们实现就业，以此达到增加家庭劳动收入，摆脱贫困的目的。

就业援助与下岗职工基本生活保障、失业保险和最低生活保障制度不同，它是一项从根本上解决就业困难人员就业难的援助措施，是帮助其生存、融入社会、创造价值、主动获取生活来源、提高生活质量的重要渠道。而后者是保障生活、维系生活的第二道防线，是被动的。就业援助也与计划经济时期安置就业不同，就业援助是通过财政、税收等政策扶持，既促进就业困难人员再就业，又减轻企业负担，降低企业人工成本，增强企业活力，促进经济发展。

二、就业援助的特点

根据《就业促进法》和劳动和社会保障部《就业服务与就业管理规定》的内容和主要精神，就业援助一般有以下特点：

一是强调国家对就业困难人员的责任。二是必须通过一定的认定程序，确定就业援助对象。三是就业援助对象是依靠自身努力，仍难实现就业，属于生活相对贫困的人员。四是个人申请是就业援助的必要条件。

三、就业援助政策体系

就业困难群体竞争就业的能力较弱，是政府促进就业的重点。为了帮助就业困难群体尽快实现就业再就业，国家和地方各级政府针对其特点，努力完善更大扶持

力度的援助政策体系，主要内容如图 2—3 所示。实施扶持政策，帮扶就业困难人员通过不同渠道尽快实现就业是就业援助的核心。就业促进法提到的税费减免、贷款贴息、社会保险补贴、岗位补给等政策是现行的积极就业政策的重要内容。也是实践证明行之有效的措施办法，具体的政策内容将根据不同时期的具体工作要求进行调整和充实完善。

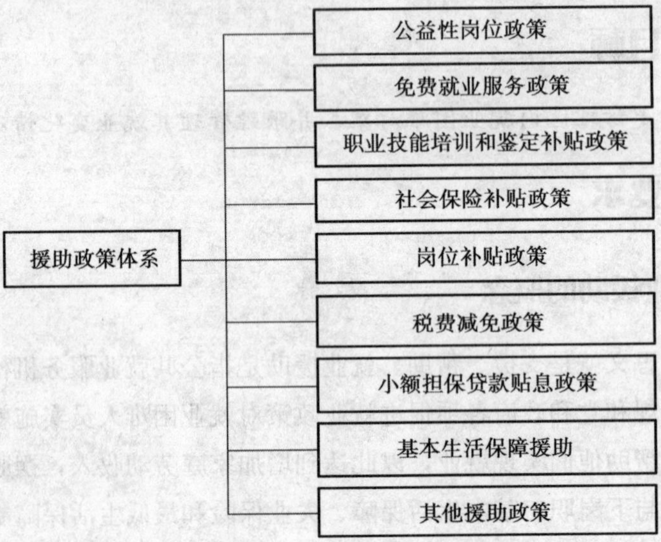

图 2—3　就业援助政策体系图

能力要求

调查摸底

就业困难对象调查摸底工作应以社区为基础单位，在个人申请的基础上，采取入户调查的方式，对辖区内就业困难对象进行全面、细致的摸底调查。辖区内人户分离的（即居住地在甲社区，户口在乙社区）就业困难对象，以户口所在街道（乡镇）、社区管理为主。调查摸底工作要注意抓好以下几个环节：

1. 入户调查

一是劳动保障协理员入户调查时，要注意做好原始记录，并征得就业困难人员签字认可。

入户调查的基本要求：一是着装大方，佩戴胸卡或工作证，带齐登记表或相关政策资料，根据援助对象地址，合理安排上门服务的路线。

二是入户调查时要尊重就业困难人员的生活习惯。对就业困难人员态度要诚恳，耐心细致地讲解和解答有关问题。

三是要认真倾听和注意了解就业困难人员的困难情况及意见、要求，做好相关情况记录。

2. 公示调查情况

将就业困难对象基本情况在其户口所在社区张榜公示（某地公示表实例见表 2—2），公示期限不宜太长，具体时间一般由各地根据实际作出具体规定。公示既可以增加援助工作的透明度，接受群众监督，也可以营造“一人有难，众人帮扶”关心关爱就业困难对象的良好氛围。

表 2—2　　就业困难人员申报认定公示

经本人申请，社区劳动保障协理员入户调查核实，下列人员认定为就业困难人员，现将人员情况公布如下，请辖区内广大居民监督，如有异议，请于五日内向社区劳动保障机构反映。电话：××××××××

姓名	年龄	家庭住址	身份证号码

××××社区劳动保障机构（盖章）　　　　年　月　日

3. 建立基础信息数据库

通过劳动保障协理员对辖区内就业困难人员和零就业家庭人员的年龄、性别、文化程度、劳动技能、家庭状况、就业愿望等摸底调查，建立实名制基础台账和信息资源数据库（某地数据库实例见表 2—3、表 2—4）。

表 2—3　　某街道就业困难人员基本情况表

序号	姓名	性别	出生年月	文化程度	技术等级	身份证号码	再就业优惠证号	原工作单位	备注

表 2—4　　某街道就业困难人员安置台账

姓名	性别	身份证号码	援助人	安置单位	岗位性质	联系电话	家庭地址	备注

4. 建立个人档案

为使就业援助工作落实到实处，确保援助对象不漏一户，不漏一人，劳动保障协理员及所在的工作机构要为每个就业困难对象建立较为详细的个人档案，档案内容大致包括“一表、一卡”，即为每个就业困难对象填写一份认定登记表，发放一张联系卡（某地表、卡实例见表 2—5、表 2—6）。同时要及时更新相关资料，随时掌握就业困难对象的变动和援助工作的进展情况。

表 2—5　　某地就业困难人员认定登记表

<table>
<tr><td>姓名</td><td></td><td>性别</td><td></td><td>民族</td><td></td><td rowspan="3">免冠照片</td></tr>
<tr><td>政治面貌</td><td></td><td>文化程度</td><td></td><td>婚否</td><td></td></tr>
<tr><td>身份证号码</td><td colspan="3"></td><td>出生年月</td><td></td></tr>
<tr><td>家庭住址</td><td colspan="3"></td><td>联系电话</td><td colspan="2"></td></tr>
<tr><td>原工作单位</td><td colspan="6"></td></tr>
<tr><td>工种</td><td colspan="2"></td><td>技术等级</td><td colspan="3"></td></tr>
<tr><td>原工作单位性质</td><td>国有</td><td></td><td>集体</td><td></td><td>其他</td><td></td></tr>
<tr><td>身份</td><td>下岗职工</td><td></td><td>失业人员</td><td colspan="3"></td></tr>
<tr><td>下岗失业时间</td><td></td><td>优惠证号码</td><td></td><td>就业失业登记证号码</td><td colspan="2"></td></tr>
<tr><td colspan="2">街道（乡镇）劳动保障服务站
审核意见

（盖章）

年　月　日</td><td colspan="3">县级劳动保障部门
审定意见

（盖章）

年　月　日</td><td colspan="2">财政部门
意见

（盖章）

年　月　日</td></tr>
</table>

表 2—6　　某地零就业家庭联系卡

帮扶人员基本情况
户主姓名：__________　出生年月：__________年__________月
身份证号码：□□□□□□□□□□□□□□□□□□
家庭住址：____________________
联系电话：□□□□□□□□□□□
基本情况：人口__________人，人均收入（含低保）__________元。
主要劳动力：
1. 姓名__________性别__________年龄（岁）__________劳动技能__________
2. 姓名__________性别__________年龄（岁）__________劳动技能__________
3. 姓名__________性别__________年龄（岁）__________劳动技能__________
就业困难的主要原因：____________________
享受援助记录：____________________

帮扶承诺：1. 随时掌握就业困难对象就业状况和援助工作情况。2. 宣传就业政策，引导和指导就业困难对象转变就业观念，提供职业培训和职业技能鉴定信息，顺利实现就业。3. 提供就业信息，推荐提供就业岗位。4. 对有自主创业愿望和能力且符合条件的就业困难对象，协调有关部门帮助落实小额担保贷款资金。5. 对符合条件的就业困对象，帮助协调有关部门落实再就业政策。

帮扶人（签章）：　　　　帮扶人电话：

5. 开展动态管理服务

对经过援助的就业困难人员，社区定期开展“回访本人、回访家庭、回访单位”服务，做好跟踪服务。

对就业困难对象本人进行回访，询问的内容主要包括工作时间、工作性质、工资状况、工作环境、生活状况、适应能力、同事关系等，了解他们的劳动强度，对工作满意的程度等。对不能适应工作要求或本人不满意工作条件的，要做好记录。

回访用工单位，从工作时间、劳动强度、签订劳动合同、参加社会保险、工资发放等多方面掌握、了解就业困难人员的就业状态，及时发现、解决就业不稳定、劳动者权益受侵害、工资收入达不到规定标准等问题。

回访要做到人人有记录，周周有记录，记载情况翔实准确，问题处理件件有结果。在回访工作中，要对比用人单位和就业困难人员反映的情况，对一方或双方都不满意的，要积极做好协调工作。

对已经实现就业再就业的，应及时在就业困难人员数据库中注明，要标注出工作单位、工作性质和单位地址，以及实施就业援助的内容。对帮扶到其他街道社区的就业困难人员要及时在数据库中注明，并办理相应移交手续。对新产生就业困难对象，应及时列入就业困难人员数据库。并根据他们的就业愿望、工作技能等实际情况，提供就业援助。

要安排专人负责数据库的维护工作，确保网络畅通，并做好数据备份，防止网络病毒攻击，维护数据库的安全。同时，对所有就业困难人员基本信息要有同步的纸质文档存档。

第 3 节　职业指导和职业介绍服务

学习单元 1　职业指导

学习目标

1. 掌握职业指导的原则、内容和方法。
2. 能够对求职者择业观念进行职业指导。

3. 熟练运用职业指导方法。

知识要求

一、常见就业观念的表现形式

社区就业工作中，经常遇到失业人员或求职者的就业观念问题，他们中的大部分都能准确地把握就业形势，主动解决求职的思想观念问题。但也有一些失业人员或求职者不能正确地理解和自我解脱，下面主要介绍几种常见的不当的就业观念。

1. 从众的就业观念

从众的就业观念是指对自己需要什么样的职业，自己能够胜任什么样的工作，没有一个清晰的规划和计划。别人找什么工作他也找什么工作，什么工作热门他就找什么工作，但工作中才发现所从事的工作并不是自己想要或能胜任的。

2. 一次就业定终身的就业观念

求职应聘时不仅考虑用人单位提供的岗位是否对自己的胃口，还考虑这个单位社会声誉响不响亮，以及以后会不会精简人员、破产倒闭等等，害怕再次失业。实际上，随着各种社会保障体制的建立和健全，人力资源合理有序流动是一种普遍现象和趋势。同时，在经济运行过程中，企业兼并、联合、重组、破产、裁员、分流等也会时有发生，一次就业定终身是不现实的。

3. 盲目攀高的就业观念

求职应聘择业过程中盲目攀高，脱离自身条件、就业实际和用人单位需要，追求“三高六点”式的职业（“三高”即起点高、薪水高、职位高，“六点”即名声好一点、牌子响一点、效益高一点、工作轻一点、离家近一点、管理松一点）。忽视了自己的兴趣、爱好、特长，高不成、低不就。

4. 只肯去正规部门的就业观念

求职应聘只肯去传统意义上的正规部门，如政府部门、事业单位、大公司，期望有相对稳定的就业和良好的工作环境。而不愿去非正规的部门就业，如新兴产业、新型行业，也不愿去规模较小的用人单位，宁愿拥挤在正规部门门前。实际上，往往非正规部门能够锻炼人，发展的空间也较大。

5. 等饭碗的就业观念

等饭碗的就业观念在新增的失业人员中尤为突出。自 2003 年首届扩招大学生毕业以来，出现了“零工资就业”“1 分钱买断年薪”等现象，在近几年出现的考公务员热、考研热中，一些考生也抱有等饭碗的思想。有能力创业的失业人员即便在可以找到理想工作的情况下，也应大无畏地去创业，自主创业应当成为一种主动的发自内心的要求。

二、职业指导的原则、内容和方法

1. 职业指导的原则

劳动保障协理员进行职业指导时，应遵循以下原则：

（1）科学性原则

就是要以科学认真的态度，正确掌握职业指导知识，进行充分的工作准备。要准确把握职业指导方法，以负责任的态度，实事求是地进行指导，不能随便乱说，也不能含含糊糊不得要领，贻误求职者。

（2）政策性原则

职业指导工作中，少不了要涉及各种政策，一定要严格按照政策规定的内容讲，不能随意解释或引申，更不能望文生义地不懂装懂。

（3）主体性原则

求职者是职业指导过程的主体，要自觉维护和尊重求职者的主体地位。在职业指导工作中进行帮助、启发，目的是增强求职者的主体能力，只有求职者的就业能力真正增强了，才能说明职业指导的效果。

（4）疏导性原则

求职者因各种原因，在就业心理、就业观念方面存在一定的障碍或误区，劳动保障协理员要耐心地进行说服、疏导，不能高高在上，以教育者自居，伤害求职者的自尊心。

（5）实效性原则

职业指导就是要以对求职者提供有效的就业帮助为目的，因此一定要讲究实效性，道理、知识和方法要讲，具体的供求状况、信息也要介绍和提供。

2. 职业指导的内容

根据《就业促进法》《就业服务和就业管理规定》，职业指导工作主要包括以下内容：

（1）向劳动者和用人单位提供国家有关劳动保障的法律法规和政策、人力资源市场状况咨询。

（2）帮助劳动者了解职业状况，掌握求职方法，确定择业方向，增强择业能力。

（3）向劳动者提出培训建议，为其提供职业培训相关信息。

（4）开展对劳动者个人职业素质和特点的测试，并对其职业能力进行评价。

（5）对妇女、残疾人、少数民族人员及退出现役的军人等就业群体提供专门的职业指导服务。

（6）对大中专学校、职业院校、技工学校学生的职业指导工作提供咨询和服务。

（7）对准备从事个体劳动或开办私营企业的劳动者提供创业咨询服务。

（8）为用人单位提供选择招聘方法、确定用人条件和标准等方面的招聘用人指导。

（9）为职业培训机构确立培训方向和专业设置等提供咨询参考。

以街道社区为单位，组织开展职业指导，引导失业人员提高应聘技巧。按指导的内容不同，可以分为政策性指导、技巧指导、个性化指导。政策指导即根据辖区内失业人员档案，采取分片包干、责任到户的办法，为就业困难人员提供政策咨询和指导服务。技巧指导即对就业困难人员进行分门别类，指导他们参加职业道德、心理素质测评、求职策略、面试技巧等培训。个性化指导即对就业特别困难的人员，要给予重点帮扶，根据其实际情况和就业需求，提供个性化的职业指导和技能培训、提供岗位信息，积极引导其尽快实现就业。

3. 职业指导的方法

（1）一对一指导

劳动保障协理员接待求职者个人并通过接触和面对面交流，根据其具体求职意向情况，提供相应的指导帮助。

（2）两人以上或群体指导

首先了解每个求职者具体求职意向情况，然后将共性部分通过座谈或介绍分析会的形式进行宣传指导，差异部分个别提供相应的指导帮助。求职者集中的地方，劳动保障协理员可深入居民区或楼、段进行指导和帮助。

三、用人单位用工指导

1. 详细了解用人单位情况

主要了解用人单位用人合法资格、行业归属、生产经营状况、员工待遇、岗位工种、专业要求等情况。

2. 向用人单位介绍用人规范

主要介绍劳动合同、最低工资标准、工资支付、工时制度、劳动保护、社会保险、女工保护等规范。

3. 帮助用人单位确定用人标准

根据用人单位招聘岗位提出的从业条件、工资福利、工作环境、社会声誉等方面确定。

4. 指导用人单位拟订招聘简章

主要包括用人单位简介、岗位从业条件、工资福利待遇、试用期、用工方式、具体招聘期限、地点和联系方法等内容。

能力要求

一、对求职者就业观念进行职业指导的方法

1. 工作程序

对求职者就业观念进行职业指导的程序一般是工作准备—接待登记—咨询了解—就业观念指导 4 个步骤。

（1）工作准备：即准备好必要的工具和必要的资料。

（2）接待登记：即对求职者进行职业指导服务接待，并指导求职者进行求职登记。

（3）咨询了解：即通过协理员询问、求职者口头描述，了解求职者基本情况。

（4）就业观念指导：即介绍就业形势，帮助求职者澄清自身问题并进行引导。

2. 工作内容

（1）接待登记。

（2）听取求职者对求职意愿的描述。

（3）询问求职者相关职业能力。

（4）介绍经过职业指导已就业的人员的情况，供求职者参考对照。

（5）指出求职者的求职意愿与相关职业能力存在的偏差，提供相应的指导帮助。

3. 工作方法

（1）工作准备

准备的事项应包括准备好求职登记表、纸张、笔，准备好本地区失业人员数量状况资料、人力资源市场供求状况资料、岗位信息资料、经过职业指导已经就业的人员的情况资料，准备好接待桌椅等。

（2）接待登记

1）运用来访接待知识，正确接待求职者，防止以貌取人。

2）登记包括两个方面的内容：一是对接待情况进行登记，形成工作日志或台账。二是指导求职者进行求职登记，求职者填写的求职登记表中姓名、身份证号码、联系电话、求职意愿、薪酬要求为主要登记内容。

（3）咨询了解

1）通过简单交谈，掌握可以表明求职者真实身份的相关信息，如年龄、职业技能、求职意愿、家庭住址、求职者属哪类服务对象等。

2）对照交谈情况和求职者提供的证件进行查验，查验的证件包括身份证、毕业证、职称证、职业资格证、技术等级证。

3）检查求职者填写的求职登记表。这是一个很重要的环节，应从三个方面入手：第一，字迹是否清晰。第二，主要信息指标填写是否正确，内容是否完整。第三，表格中是否有遗漏项。如发现错误或遗漏，协理员要告知求职者，并给予简明指导，引导其重新填写。如果没有发现错误或遗漏，将表格录入计算机。

（4）就业观念指导

1）简要地向求职者介绍本地区失业人员数量状况、人力资源市场供求状况，帮助求职者对客观现实情况进行把握，以便求职者调整求职心态，转变就业观念。

2）针对求职者对求职愿望的描述，详细介绍人力资源市场具体岗位供求情况、专业工种要求情况，以便求职者做进一步具体考虑。

3）与求职者进行具体的沟通交流，对比求职者的相关职业能力和求职愿望之间存在的偏差，供求职者作出准确判断。

4）根据求职者的具体选择，为求职者提供进一步的指导帮助，如提供职业需求信息、技能培训信息、推荐就业岗位等，供求职者选择。

5）向求职者进一步提出实现就业目标和做好本职工作的建议。

二、一对一进行职业指导的方法

1. 工作程序

（1）准备好必要的工具：如登记表、纸张、笔等。

（2）准备好必要的资料：如劳动政策法律法规资料、本地区失业人员数量状况资料、人力资源市场供求状况资料、岗位信息资料等。

（3）指导填写求职登记表。

（4）开展职业指导：了解求职者从业条件和求职愿望情况、与求职者进行面对面沟通交流、帮助求职者作出准确判断。

(5) 推荐就业：提供职业需求信息、技能培训信息、推荐就业岗位供求职者选择。

2. 工作内容

(1) 听取求职者对求职愿望的描述。

(2) 询问求职者相关职业能力。

(3) 介绍本地区失业人员数量状况资料、人力资源市场供求状况。

(4) 介绍就业岗位需求信息情况，供求职者参考对照。

3. 工作方法

(1) 根据与求职者的交谈和查看其求职登记表，了解求职者的基本情况和求职意愿，了解求职者是否为首次接受职业指导和属于哪类服务对象。

(2) 简要地向求职者介绍本地区失业人员数量状况、人力资源市场供求状况，帮助求职者对客观现实情况进行把握。

(3) 针对求职者对求职愿望的描述，详细介绍人力资源市场具体岗位供求情况、专业工种要求情况和从业条件。

(4) 与求职者进行具体的沟通交流，对比求职者的相关职业能力和求职愿望之间的异同，供求职者作出判断。

(5) 根据求职者的具体选择，为求职者提供进一步的指导帮助，如提供职业需求信息、技能培训信息、推荐就业岗位等，供求职者选择。

(6) 向求职者进一步提出实现就业目标和做好本职工作的建议。

三、两人以上或群体职业指导的方法

1. 工作程序

(1) 准备好必要的工具：如登记表、纸张、笔等。

(2) 准备好必要的资料：如劳动政策法律法规资料、本地区失业人员数量状况资料、人力资源市场供求状况资料、岗位信息资料等。

(3) 开展职业指导：了解每个求职者从业条件和求职愿望情况并从中分析出共性的内容、与求职者进行集体面对面沟通交流。

(4) 推荐就业：提供就业形势分析信息、职业需求和技能培训信息、推荐就业岗位供求职者进行分别选择。

2. 工作内容

(1) 听取求职者对求职愿望和相关职业能力的描述。

（2）询问求职者的相关职业能力。

（3）介绍本地区失业人员数量状况资料、人力资源市场供求状况。

（4）介绍就业岗位需求信息情况，供求职者参考对照。

3. 工作方法

（1）简要地向求职者介绍本地区失业人员数量状况、人力资源市场供求状况，帮助求职者对客观现实情况进行把握。

（2）根据求职者所选择的主要岗位类型，详细介绍人力资源市场具体岗位供求情况、专业工种要求情况和从业条件，指出从每个从业条件和求职愿望中分析出共性的内容并澄清其存在的问题，如求职意愿是否切合实际、薪酬要求是否与技能水平相当、是否遗漏了对签订劳动合同和社会保险的要求等。

（3）对求职者进行集体指导后，还应与求职者单独进行沟通，引导求职者根据自身如文化程度、专业技能、技术等级、工作经历、工作经验和业绩等从业条件，与求职愿望相对照，指导求职者作出判断。这样可以更好地保护求职者的个人隐私，避免当众说出求职者的求职意愿不切实际而引起求职者反感，降低指导效果。

（4）根据求职者的具体选择，为求职者提供进一步的指导帮助，为其提供就业服务和劳动保障相关业务的服务程序，如职业需求信息、技能培训信息、推荐就业岗位、参加社会保险等，供求职者选择。

四、用人单位用工指导的方法

1. 工作程序

（1）准备好必要的工具：如登记表、纸张、笔等。

（2）准备好必要的资料：如劳动政策法律法规资料、本地区失业人员数量状况资料、人力资源市场供求状况资料等。

（3）与用人单位面对面交流沟通，并加以相应的用工指导。

2. 工作内容

（1）听取用人单位对单位基本情况的描述。

（2）询问用人单位用人需求数量、相关从业条件、提供的薪酬和福利情况等。

（3）向用人单位介绍本地区失业人员数量状况资料、求职者职业技能状况、人力资源市场供求状况。

（4）介绍就业政策以及劳动合同、社会保险方面的基本知识信息。

（5）指导用人单位编写招聘简章。

3. 工作方法

（1）工作准备

准备的事项应包括准备好用工登记表、纸张、笔，准备好本地区失业人员数量状况资料、人力资源市场供求状况资料、接受过职业技能培训的求职者的信息资料，准备好接待桌椅等。

（2）接待登记

1）运用来访接待知识，正确接待用人单位，要积极、主动、热情地接待用工单位，给对方以亲切感。

2）登记包括两个方面的内容：一是对接待用人单位情况进行登记，形成工作日志或台账。二是指导用人单位进行用工登记，用人单位填写的用工登记表中单位名称、单位地址、单位电话号码、联系人、招聘工种、给予的待遇、面试方式为主要登记内容。

3）受理用人单位登记时，要点是检验其营业执照副本和介绍信。要注意其营业执照副本是否参加本年度工商部门的年审（一般每年的 1—4 月份为营业执照副本年审期），未参加年审的不应为其办理用工登记。介绍信是否加盖公章或人事部门的印章，合同专用章或其他印章为无效印章。

（3）询问了解

1）了解用人单位的有关情况，包括用人单位用人合法资格、行业归属、生产经营状况、规章制度、单位地址等情况。

2）了解用人单位用人需求情况，包括招用岗位数量、工种专业要求、基本能力、员工待遇以及劳动合同、社会保险等情况。

3）指导用人单位编写招聘简章并发布用工信息。用人单位编写的招工简章主要应包括用人单位基本情况、招用人数、工作内容、岗位要求、招录条件、劳动报酬、福利待遇以及社会保险、劳动保护等内容。

4）查验用人单位用工登记和招聘简章时，要注意其内容是否与《劳动法》《劳动合同法》以及其他劳动保障法律法规相违背，特别是有无就业歧视、工作时间、休息休假、工作待遇等方面的内容。

（4）用工指导

1）就本次招聘活动与用人单位进行沟通分析。如用人单位提出的哪些条件是适当或合理的；哪些条件是不适当或不合理的，如要求的从业条件是否过宽或过严，过宽则不能适应生产经营需要，过严则适合条件的求职者较少，同样影响生产经营。如用人单位提供的工资福利待遇水平与找用岗位的从业条件是否相当，提供当地最低工资标准、行业工种工资指导线。

2）根据用人单位综合情况和用人需求情况，帮助用人单位确定合理的招聘方案。

3）组织现场招聘。主要是接待应聘人员、指导应聘人员填写登记表、帮助用人单位初步了解应聘人员基本情况、确定复试或面试的方法和人选等。

4）指导用人单位办理聘用手续。主要是签订劳动合同、办理参加社会保险手续等。

注意事项

1. 注意聆听。无论是面向求职者的职业指导还是面向用人单位的用工指导，都要仔细听取他们的意见或意愿，明白求职者或用人单位意图，了解他们的背景资料，然后才能有重点地进行帮助和引导。工作中的语言运用也很重要，不能摆出老师或上级、长者的姿态；也要注意尽量使用通俗易懂的语言，并在关键点上加以简明解释。

2. 应着重对求职者进行分类职业指导。针对不同年龄、性别、技术特点，不同层次、不同经济收入的求职者进行分类指导，依据人力资源市场供求状况和求职者本人条件、意愿进行政策咨询，指导设计求职计划，辅导求职方法，帮助求职者根据主客观条件合理选择职业。

3. 对妇女、残疾人、少数民族等特殊群体进行职业指导时，应注意方法、语气、语言禁忌、民族习惯等问题。

4. 协理员要熟知本地公共就业服务机构、职业培训定点机构、劳动保障机构、社会保险经办机构的具体办公地址或接待服务窗口、服务的类别、服务的主要内容和对象，防止张冠李戴。

5. 帮助用人单位树立遵法守法意识，按照法律法规的有关规定进行招聘，招聘手续、招聘程序、招聘方式以及招聘后双方劳动关系的确定、劳动者合法权益的保护等，都要依照法律法规的约束进行。针对一些用人单位法律观念不强，在招聘过程中轻诺寡信，不认真履约的现象，在用工指导中要提醒用人单位注意。

学习单元 2　职业供求信息采集的途径和方法

学习目标

1. 掌握采集用工信息的基本知识。
2. 掌握发布用工信息的途径。

知识要求

一、职业供求信息采集的原则

职业供求信息采集的原则有：

1. 真实性原则

采集的职业供求信息，必须是真实的，而不是弄虚作假、凭空杜撰的。求职信息应根据求职者提供的有效证件和直接叙述进行记录或整理，是求职者真实情况和真实意思的表达；用工信息应根据用人单位提供的合法证件和经办人员填写的用工登记表进行整理，是用工单位基本概况和招用工内容的正确描述。

2. 准确性原则

采集的职业供求信息，内容要准确，不能似是而非、模棱两可。求职信息应根据求职者提供的证件和求职意向，准确记录其身份、证件号、联系方式和求职意向；用工信息应根据用人单位提供有关材料，准确记录其单位情况、条件要求、工资福利和社会保险。

3. 完整性原则

采集的职业供求信息，要注意信息的完整性，应尽可能全面反映求职和用工信息的所有元素，如果残缺不全，就会失去作为职业供求信息的价值。

4. 简明性原则

采集的职业供求信息，要尽可能简单、明确，条理化地反映求职者和用工单位的真实情况，适于用表格表达的信息，尽可能使用表格，使信息一目了然。

5. 时效性原则

信息是变化的，采集的职业供求信息必须注意时效性，应根据时间的推移及时核对信息的有效性，否则就可能误导用工单位或求职者。

二、职业供求信息的获取途径及其主要特点

1. 通过服务场所获取职业供求信息

（1）开展用工、求职登记获取信息

社区在劳动保障工作站设立服务窗口，接受用人单位用工登记、求职者求职登记，获取职业供求信息。

（2）举办用工洽谈会获取信息

结合实际工作情况，在社区举办小型用工洽谈会，能够一次性获取较多的职业供求信息。

（3）通过服务场所获取职业供求信息的特点

可以保障职业供求信息的有效性和准确性，方便对信息进行及时处理；同时还具有贴近失业人员和用人单位，扩大社区就业工作影响的作用。

2. 通过外联方式获取职业供求信息

（1）通过联系辖区用人单位获取信息

登门造访辖区用人单位，进行就业岗位调查，掌握基本情况，长期定时跟踪联系沟通，落实用人单位空岗报告制度。

（2）通过联系辖区改制企业获取信息

主要是采集失业人员求职信息，同时了解其基本情况、求职意向、培训愿望等。

（3）通过人力资源市场信息网络获取信息

随时查阅本地的人力资源信息网络系统，把适合本社区居民求职需求的信息下载或抄录下来，可以用较少的人力、经费和时间获得较为实用的职业供求信息。

（4）通过新闻媒体获取信息

关注辖区内收视率、收听率较高的电视、广播频道，阅读辖区内发行量和影响较大的报纸、刊物，摘录其发布和刊载的用工和求职信息。

（5）通过外联方式获取职业供求信息的特点

通过阅读和筛选，可以较好地保障职业供求信息的适用和准确性，对及时和完整地进行信息处理有较大帮助；同时利用外联方式获取职业供求信息还具有费用低的特点。

三、社区传递用工需求信息的方式与内容

1. 社区用工需求信息传递的方式

根据求职者和用人单位不同情况，采取适宜而有效的信息传递方式。

（1）利用新闻媒体或社区用工信息栏。

（2）通过召开座谈会。

（3）利用人力资源信息网络。

（4）通过黑板报、海报、招用工通知或其他书面形式。

（5）社区工作人员利用社区电子显示屏、电子触摸屏等工具。

（6）社区工作人员上门送信息。

（7）用电话或手机短信等形式。

（8）其他形式。

2. 社区用工需求信息传递的内容

社区用工需求信息传递的主要内容包括求职者和用人单位的基本情况、岗位类别、人员数量、工作待遇、劳动合同期限、招聘时限以及联系地址、邮政编码、联系电话、联系人等。

能力要求

一、社区进行信息采集的程序

1. 通过服务场所进行信息采集的程序

（1）准备好求职登记表、用工登记表、笔等。

（2）指导求职者和用人单位填写求职登记表、用工登记表。

（3）当场收回求职登记表、用工登记表。

（4）当场审查求职登记表、用工登记表，填写不当的要及时要求更正或重新填写。

2. 通过外联方式进行信息采集的程序

（1）平时注重宣传，让求职者和辖区用人单位了解通过人力资源市场系统或社区进行求职、招聘的优势。

（2）经常上门，到辖区用人单位、辖区改制企业了解情况、收集信息。

（3）通过人力资源市场信息网络进行信息采集，要经过浏览、筛选，再对信息资料分类抄录汇编，并进行条理化整理后才能发布。

（4）通过新闻媒体进行信息采集，要经过粗读、精读，再对信息资料分类记录，并对资料的真实性、可靠性进行审查和检验后才能发布。

二、社区进行信息发布的程序

1. 社区应按照发布职业供求信息发布的最基本要求，设置社区用工信息栏、社区电子显示屏、电子触摸屏等，要有供召开座谈会和张贴海报及招用工通知的场所。

2. 根据不同的职业供求信息，经过调查研究、分析比较、成本核算，分别确定不同的信息发布媒体。

3. 把职业供求信息整理、总结、打印，分别符合不同媒体发布需要。

4. 确定信息发布的日期、时间、地点或参加人员。

5. 信息发布。

6. 注意收集反馈意见，使职业供求信息发布既不脱离实际需要，又能及时修正补充。

注意事项

1. 通过服务场所获取职业供求信息时，只要不违反职业供求信息采集的原则，应尊重求职者和用人单位意愿，不能将自己的意愿强加在求职者和用人单位身上。

2. 指导求职者和用人单位填写表格时，应注意表格的准确、完整。

3. 通过外联方式获取职业供求信息时，要注意对有关信息进行甄别和筛选，杜绝内容虚假、要求模糊的信息。同时与求职者、用人单位建立良好的关系，引导求职者和用人单位树立正确的求职和用人观念。

学习单元3 职业介绍

学习目标

1. 掌握职业介绍的基本知识和服务规程。

2. 掌握职业介绍的主要内容和工作方法。

3. 掌握求职和用人面谈工作方法。

知识要求

一、职业介绍服务的主要内容

1. 对求职者求职和用人单位招聘进行登记。求职登记的主要内容包括求职者本人的基本情况、职业经历、技能水平、求职愿望、培训愿望等。用人单位招聘登记的主要内容包括用人单位的基本情况、招聘岗位基本情况、用人条件、工资待遇、社会保险、劳动合同期限等。

2. 为求职者提供职业需求信息，推荐就业岗位。

3. 为用人单位提供人力资源信息，推荐求职者。

4. 为求职者求职和用人单位招聘提供职业指导和职业咨询服务。帮助求职者了解人力资源状况，掌握求职方法；指导用人单位正确使用招聘方法和按规定进行招聘。

5. 向职业培训机构提供职业需求信息，推荐有培训意愿的求职者。

6. 为就业困难人员或其他特殊就业群体提供专门的职业介绍和推荐就业服务。

7. 建立人力资源基础信息数据库，开展职业供求状况预测和预报。

二、开展职业介绍服务的基本要求

劳动保障协理员开展职业介绍服务的基本要求主要有：

一是为求职者提供求职途径、基本求职方法、相关表格及简历的填写、面试注意事项等职业指导，同时提供本地区职业供求现状与发展趋势分析、就业岗位信息、职业技能培训、相关劳动就业政策的咨询服务。

二是在求职者进行求职登记后，建立求职者求职信息档案，录入人力资源市场信息库，为用人单位招聘提供求职者基本信息。

三是在求职者基本信息进入人力资源市场信息库后，建立求职者“跟踪指导档案”或相应的跟踪指导记录，实施必要的跟踪指导与即时服务。通过求职者提供的联系方式，定期为其提供一定数量的就业岗位信息。

四是为求职者提供一定时间的跟踪服务后，求职者仍未实现就业的，劳动保障协理员应及时与求职者取得联系，要求求职者本人再次进行求职登记，并重新提供服务。

五是劳动保障协理员要有高度的服务意识，掌握各项劳动就业政策和人力资源市场职业供求信息，熟知用人单位的一般用人条件和需求。在实际工作中，自觉应用职业介绍服务的各种知识、方法，为求职者和用人单位提供服务。

六是随时与用人单位和求职者保持联系，了解用人单位的就业岗位信息、求职者的就业状况，并及时调整和更新数据库、信息栏、信息发布电子设施的内容。

三、职业介绍服务规程

根据劳动和社会保障部［1998］1 号文件规定，职业介绍服务规程包括下列内容。如果有新的规定，应按照新规定的内容开展服务。

1. 职业介绍服务标准

文明服务、公平服务、优先服务、高效服务、灵活服务、公开服务等。

2. 职业介绍服务范围

信息服务、咨询服务、指导服务、介绍服务、委托服务、管理服务等。

3. 职业介绍服务程序

接待登记、提供信息、求职和用人面谈、职业指导等。

4. 对就业困难求职人员的服务程序

求职登记一个月内提供登记和咨询、人力资源市场信息服务、求职面谈、介绍与推荐、职业指导、其他就业服务建议、其他服务。求职登记三个月以后应要求求职者参加求职培训班、就业讨论会。求职登记六个月以后应提供再就业培训班、职业培训、求职交流、职业设计培训班、社区服务、自谋职业服务、生产自救、新的再就业计划等专项服务。对于求职登记一年以上的人员，需利用一周的时间，帮助其开发新的再就业计划，重新安排服务项目和求职活动，并逐步实施。

能力要求

一、社区职业介绍工作程序

为求职者求职和用人单位招聘提供职业介绍，按以下基本程序进行。

1. 接待登记

求职者求职和用人单位招聘，劳动保障协理员应要求他们进行求职登记或用人单位用工登记，并进行沟通分析。随后，根据他们的不同情况，确定服务形式，并引导他们进入相应服务程序。

2. 提供信息

通过社区职业供求信息发布渠道，向求职者和用人单位提供用人和求职信息。

3. 职业指导

职业指导分为求职指导和用人指导。它的主要任务是提供职业咨询，开发职业潜力；引导调整就业观念和用人观念；指导设计职业生涯，提高求职和招聘技巧。

(1) 求职指导的基本程序

能力评估、职业分析、就业计划、约见服务、再指导。

(2) 用人指导的基本程序

空岗分析、服务约定、调整用人、人事咨询、提供相关信息和服务、指导其再进入其他服务程序。

4. 信息发布

根据求职者求职登记和用人单位用工登记情况，发布求职者求职和用人单位招聘信息。

5. 推荐就业和招聘

根据接待和登记的求职者的求职要求，有针对性地开展就业推荐。根据接待和登记的用人单位用工要求，组织招聘洽谈活动，劳动保障协理员主要做好组织协调和服务工作，提高职业介绍的成功率。

二、求职与用工登记的工作流程

1. 求职登记的工作流程

(1) 门市接待

劳动保障协理员开展求职者求职登记服务时，应注意保持相应礼仪，使用文明用语，尊重宗教忌禁，微笑服务。

(2) 了解求职者基本情况

注重了解求职者个人信息、家庭状况、求职愿望、拟选专业和工种方向、工资要求等。

(3) 求职者填写求职登记表

劳动保障协理员指导求职者按照固定格式完整填写求职登记表。

(4) 求职者登记内容

求职者进行求职登记时，应保证以下信息真实完整：

1) 求职者个人基本情况。

2) 求职意愿。

3) 求职者技能专长。

4) 岗位及待遇要求。

5）联系方式与联系人。

2. 用人单位用工登记的工作流程

（1）门市接待

劳动保障协理员开展用人单位用工登记服务时，应注意保持相应礼仪，使用文明用语，微笑服务。

（2）了解用人单位基本情况

注重了解用人单位的合法招聘资格，包括用人单位提供的营业执照、经办人身份证件及其他合法证件。

（3）用人单位填写招聘登记表

劳动保障协理员指导用人单位按照固定格式，完整填写招聘登记表。

（4）用人单位用工登记

用人单位进行用工登记时，应保证以下信息真实完整：

1）用人单位基本信息。

2）本次招聘的工种岗位、专业要求、从业条件等。

3）招用人员数量、技能要求、职业素质等。

4）明确招用后的工资待遇、劳动合同期限、社会保险等。

5）联系方式与联系人。

三、组织求职和用人面谈基本程序

求职和用人面谈分为初次面谈和再次面谈。初次面谈的主要内容是了解职业供求双方基本需求，确定服务形式，介绍就业和推荐用人，或推荐相关服务项目。再次面谈的主要内容是进一步了解并研究服务需求，调整服务形式，再次介绍就业和推荐用人，或再次推荐相关服务项目。

1. 与求职者面谈的基本程序

（1）收集信息

了解求职者求职意愿和其他相关情况。

（2）确定需求

根据了解的基本情况，确定求职者的服务需求，明确公共就业服务机构应承担的义务和求职者应开展的活动，向求职者提出迅速、有效实现就业的建议。

（3）介绍就业

如有适合的空缺岗位，要安排求职者与用人单位进行面谈；如果没有合适的空缺岗位，应与用人单位建立联系，待有合适的空缺岗位时，介绍其就业。如果本辖区内没有合适的空缺岗位，应与求职者协商，向其他公共就业服务机构推荐就业。

（4）推荐相关服务

在求职者不能直接通过职业介绍服务实现就业，或本地和其他地区都没有合适的空缺岗位时，应根据求职者的具体情况，向其建议接受职业指导、参加就业训练、创业培训或其他就业服务项目。

（5）再次面谈

对接受相关就业服务，或者经过三次职业介绍仍未能实现就业的求职者，在要求其确认求职登记后，应与其再次面谈，并重新开展相应服务。

2. 与用人单位面谈的基本程序

（1）了解情况

了解用人单位的用人要求和其他相关情况。

（2）确定需求

根据所了解的情况，确定用人单位的用人要求和实现用人所必要的服务，明确公共就业服务机构应承担的义务和用人单位需要开展的活动，并向用人单位提出招聘用人建议。

（3）推荐用人

如有合适的求职者，要迅速向用人单位推荐；如果没有合适的求职者，应积极寻找合适的求职者。如果本辖区没有合适的求职者，应与其他公共就业服务机构联系，请其推荐求职者。

（4）推荐相关服务

对一时难以招聘到人员的空缺岗位，应根据该用人单位的具体要求，建议其接受用人指导或相关就业服务。

（5）再次面谈

对接受相关就业服务，或者经过三次推荐用人仍未能填补的空缺岗位，应及时与用人单位再次面谈，重新开展相应的服务。

四、跟踪服务的工作程序

跟踪服务分为对用人单位的跟踪服务和对求职者的跟踪服务。

（1）对用人单位的跟踪服务主要了解用人单位通过职业介绍后，满足其人员招用状况的具体情况。未能满足招用需求的，对未满足部分的岗位、人员数量另行登记，可为其提供代理招聘服务；满足招用需求的，对求职者到位工作情况进行了解，询问建立劳动关系和签订劳动合同情况。

（2）对求职者的跟踪服务主要了解求职者通过面谈或推荐就业后是否选择成功。未选择成功的，则继续提供职业介绍服务。

（3）工作程序

1）电话联系。确定跟踪服务内容，约定时间。

2）现场面谈。按约定时间，到用人单位或求职者家中面谈，了解服务结果，听取改进意见。

3）查验指导。对双方选择成功的，查验建立劳动关系和签订劳动合同情况。对用人单位未与求职者建立劳动关系和签订劳动合同的，予以工作指导。

4）回执处理。根据用人单位目前空岗情况和求职者未能实现求职愿望情况，及时在人力资源市场信息网络上或登记台账上作回执处理。

第 4 节　职业培训服务

学习单元 1　职业培训与创业培训

学习目标

1. 掌握职业培训、创业培训的主要内容和方法。
2. 掌握当前政府补贴培训的主要项目和人员范围。
3. 能够登记服务对象培训需求或为服务对象介绍、提供培训信息。
4. 能够为服务对象推荐培训项目。

知识要求

一、职业培训的概念和体系

1. 职业培训的概念

职业培训是指依法开展的对劳动者进行职业知识与实际操作技能培养与训练

的活动，目的是促进劳动者提高职业技能，增强就业能力和创业能力。职业技能培训以培养与职业相关的操作技能、心智技能或复合技能为目标，以各种形式的操作训练为主要手段，以特定的知识和操作要领为主要内容。包括职业资格培训、企业岗位培训和其他适应性培训等。职业技能培训通常按相应的职业标准和岗位技能要求开展，是职业培训体系的组成部分。开展职业技能培训，对增强劳动者的就业能力和工作能力具有重要作用。1994 年颁布的《中华人民共和国劳动法》中规定："劳动者享有接受职业技能培训的权利"。2007 年 8 月 30 日颁布的《中华人民共和国就业促进法》第四十四条规定："国家依法开展职业教育，鼓励开展职业培训，促进劳动者提高职业技能，增强就业能力和创业能力。"

2. 职业培训的体系

职业培训体系是指实施职业培训活动的机构及机构之间的相互关系。以职业技能需求预测、职业分类、职业技能标准制定、职业技能培训、职业资格证书和职业技能鉴定、职业指导和咨询等为核心内容。

3. 职业培训的种类

职业培训的种类包括就业前培训、在职培训、再就业培训、创业培训。依据职业技能标准，培训的层次又分为初级、中级、高级职业培训和其他适应性培训。

二、职业培训的主要内容和方法

1. 职业培训的主要内容

职业培训是按照不同职业岗位的要求对接受培训的人员进行思想政治教育和职业道德教育，传授职业知识，培养职业技能，进行职业指导的职业教育活动。其主要内容包含基本素质培训、职业知识培训、专业知识与技能培训。

(1) 基本素质培训包括文化知识、道德知识、法律知识、公共关系与社会知识、生产知识与技能。

(2) 职业知识培训包括职业基础知识、职业指导、劳动安全与保护知识、社会保险知识等。使求职者了解国家有关就业方针政策以及选择职业的知识和方法；掌握求职技巧、开业程序与相关政策；了解职业安全与劳动保护有关政策和知识；掌握社会保险方面的知识和政策。

(3) 专业知识与技能培训包括专业理论、专业技能和专业实习。学员在专业理论的指导下掌握一定的专业技能，并通过实习，提高解决实际问题的能力，为就业打好基础。

2. 职业培训的方法

市场经济条件下的职业培训与促进就业和稳定就业紧密相连。其培训目标、专业设置、教学内容等都是以社会需求为导向，有着较强的针对性和实用性。因此，职业培训一般采用的方法主要是：

（1）以实习教学为主，突出技能训练，强化职业能力培养的方法。使学员达到“应会”要求。

（2）按照国家职业标准，以典型职业活动和标准化工作流程为主线，以完成职业任务为重要内容，以培养职业能力为目的的传授相关理论知识的方法，使学员达到“应知”要求。

（3）开展职业指导，通过宣传就业政策，分析就业形势，提供职业需求、岗位变化信息和传授求职技巧等方法，帮助学员更新就业观念，增强竞争就业信心，促进其稳定就业或实现就业。

三、创业培训的主要内容和方法

创业培训是对具有创业条件和意向的人员，进行创业能力培养或提高的一种培训。创业培训的目的是创造就业岗位，目标是提高学员创办小企业的成功率，促进其并带动其他人员实现就业。通过创业培训后的就业有创业和自谋职业两种形式。是近年来培训工作在促进就业再就业过程中逐步探索并发展起来的一种新的培训形式。

1. 创业培训的主要内容

按照培养目标的不同，分为“产生你的创业构思”（GYB）、“创办你的企业”（SYB）、“改善你的企业”（IYB）、“扩大你的企业”（EYB）四类。

目前，我国的创业培训主要是开展 SYB 知识培训，通过相关理论知识和实际操作技能培训，帮助创业者掌握创业技巧和相关经营管理经验知识，科学合理地选择创业项目，并帮助他们解决创业过程中遇到的困难和问题。主要内容为以下两部分：

（1）创业意识培训，通过培训可以确定创业者是否具备创办企业的素质和能力，产生许多企业想法，找出最适合个人情况的企业想法。

（2）创业计划培训，通过培训可以了解有关小型企业的法律要求，制定企业人力资源管理计划、市场营销计划和财务计划，规划创业者的企业财务，计算所需投资，将各种运行计划整理为可获得贷款支持的企业计划，提供贷款、咨询等相关的企业发展服务。同时，结合本地的实际，根据学员的需要，增加和充实政策、项目、工商和税务等培训内容。

2. 创业培训的方法

创业培训实行小班制教学，注重教师与学员间的互动交流，并采用以下方法：

（1）专业教师授课

对于创业基础知识教学，主要以课堂教学为主，聘请有经验的大学专业教师集中授课。

（2）专家专题讲座

对于创业必须掌握的经济法规和实用运作知识，聘请有关部门的专家，开设开业登记、依法纳税、银行业务知识、环境保护、特种行业管理等专题讲座。

（3）组织教学答疑

在每门课程和专题讲座结束之前，安排教学答疑，学员提问，教师解答，有些问题共同讨论，使学员更好地掌握和理解所学知识。

（4）企业家现身说法

聘请本地或外地的创业成功者，介绍创业的艰苦历程和经营企业的经验教训，激励学员提高创业信心。

（5）实地参观考察

组织学员到本地或外地的私营企业和市场参观、考察，进一步拓宽学员的思路、开阔眼界。

（6）实例分析

通过组织观看成功企业实例录像，指导学员分析企业创办的成败得失、经验教训，从中汲取有益的经验，在分析中提高创业能力。

四、职业培训补贴政策和范围

1. 职业培训补贴政策

根据国务院［2005］36 号文件："为城乡劳动者开展多层次、多形式的职业培训，并积极推行创业培训，提高劳动者就业能力和创业能力。对持再就业优惠证人员、城镇其他登记失业人员，以及进城务工的农村劳动者，提供一次性职业培训补贴……有关被征地农民的培训和就业服务，由各地统筹考虑，所需资金与征地费用统筹安排"的政策规定，各省、自治区、直辖市在完善对城镇失业人员职业培训和创业培训补贴政策的同时，贯彻落实了对进城务工农村劳动者和农村劳动力向第二、第三产业转移的职业培训补贴政策。

2008 年《国务院关于做好促进就业工作的通知》（国发［2008］5 号）进一步明确要求："建立健全面向全体劳动者的职业技能培训制度。鼓励支持各类职业院校、职业技能培训机构和用人单位依法开展就业前培训、在职培训、再就业培训和创业培训；鼓励劳动者参加各种形式的培训。对失业人员、符合条件的进城务工农村劳动者参加职业培训的，按规定给予职业培训补贴，具体办法由财政部、劳动和社会保障部等制定。对就业困难人员、进城务工农村劳动者通过初次职业技能鉴定（限国家规定实行就业准入制度的特殊工种），取得职业资格证书的，给予一次性的职业技能鉴定补贴。"

2. 政府补贴的主要项目

目前，实施政府补贴的培训项目主要有失业人员职业培训和创业培训、农村劳动力转移培训及进城务工农村劳动者职业培训和初次职业技能鉴定、就业困难人员初次职业技能鉴定。

3. 政府补贴的人员范围

（1）失业人员职业培训和创业培训

失业人员职业培训和创业培训范围是指进行了失业登记的人员。在各省、自治区、直辖市一般包含以下两类人员：一是在领取失业保险金期间可从失业保险基金给予补贴的失业人员。二是在失业期间有求职要求且未享受过职业培训补贴政策，不享受失业保险待遇或已享受失业保险待遇期满可从促进就业资金给予补贴的失业人员。

（2）农村劳动力转移培训

农村劳动力转移培训的对象是法定劳动年龄内，有外出务工意愿，尚未实现转移就业的农业富余劳动力。也可以是未能继续升学，有从事非农产业或外出务工意愿的农村初、高中毕（肄）业生。

（3）进城务工农村劳动者

法定劳动年龄内，本市或外省（市）农村户籍，已在本市城镇各类企业务工，主要从事非农产业，以工资作为主要收入的农村劳动力。

能力要求

一、组织推荐培训服务流程

组织推荐培训的服务流程，大体上可分为四个步骤：开展培训需求调查→组织推荐培训→培训情况反馈→提供就业服务。

1. 开展培训需求调查

（1）了解服务对象的培训需求，建立相关台账。可采取入户调查、发放培训登记表等方式了解辖区服务对象就业意向和培训意愿，并进行汇总整理，建立服务对象培训需求台账。

（2）收集培训机构的培训信息。可向当地劳动保障部门和有资质的各类职业培训机构索取培训机构的地址、培训条件、专业设置、培训计划、培训后就业去向等有关信息，特别是要注重了解符合辖区服务对象特点以及政策补贴的培训项目。

2. 组织推荐培训

（1）在调查摸底的基础上，通过面谈交流，帮助服务对象分析个人的优势及与目标职业或目标工作岗位能力要求之间的差距，指导其确定适合自己的职业目标。根据服务对象的需求和特点提供培训信息，指导服务对象选择合适的培训机构和培训项目。

（2）将已确定培训项目和培训机构的人员名单整理汇总传至相关培训机构，确定培训时间和培训地点，及时通知相关人员参加培训。

3. 培训情况反馈

（1）保持与培训机构的经常联系，了解推荐人员的参加培训情况。

（2）定期与参培人员联系，了解培训机构对其培训效果的反映。

4. 提供就业服务

（1）了解人力资源市场和用人单位对服务对象技能的需求，积极主动地为已参加培训的人员提供相应的就业信息，促进其尽快就业。

（2）对培训后拟自主创业的人员，及时提供政府扶持的创业项目，并协助落实开办手续、小额担保贷款、减免税费等优惠政策。

（3）对于培训后的就业情况，及时予以登记并进行跟踪了解。

二、登记服务对象的培训需求和提供培训信息

1. 设计职业培训登记表

根据本地区职业培训机构所要求了解的基本信息情况，设计本社区参加职业培训的登记表（某地登记表实例见表 2—7）。

表 2—7　　＿＿＿＿社区人员参加职业培训登记表

姓名		性别		年龄	
身份证号			失业证号		
家庭地址			联系电话		

续表

人员类别	□失业人员 □进城务工农村劳动者 □自费人员		
文化程度		有何技术特长	
是否享受职业技能培训补贴		□是 □否	
是否享受一次性的职业技能鉴定补贴		□是 □否	
申请培训专业		培训等级	□初级 □中级 □高级 □其他
培训时间要求	□上午班 □下午班 □晚上班 □双休日班		
申请登记时间		申请人签字	
备注			

2. 登记职业技能培训申请

在服务窗口或上门走访时，指导申请人根据培训机构基本情况，选择培训专业、等级和形式，填写职业培训登记表。

3. 提供职业技能培训信息

（1）通过与本地区职业培训机构的联系或登录本地区相关网站取得本地区职业培训即时信息。

（2）及时将有关培训信息通过上门告知、电话联系、短信、信息栏等方式准确告知需要参加职业技能培训的服务对象。

三、为服务对象推荐培训项目的步骤

为服务对象推荐培训项目，目的是弥补服务对象的技能与目标职业的差距，帮助其获得能够稳定就业的优势或创造个体经营的技术条件。主要步骤是了解服务对象基本情况→分析个人优势与职业期望→推荐培训项目→个人作出选择。

1. 了解服务对象基本情况

向服务对象推荐培训项目的前提是要了解其基本情况。服务对象的基本情况主要包括受教育的程度、主要工作经历、技术技能特长、性格特征、职业期望等。

2. 分析个人优势与职业期望

根据了解到的个人基本情况，分析其文化水平、工作经历、专业特长、职业能力等，指出其优势是在工作经验方面，或是技术技能特长方面或学历方面。分析其职业期望与个人文化水平和职业技能等方面的差距。

3. 推荐培训项目

根据个人的优势和职业期望，按照培训项目要与其所拥有的资源（如时间、经济状况等）相适应，培训的难度要与其现有文化和技能水平相适应的原则，提供相关培训项目的详细情况。如项目名称、主要培训内容、培训的期限、培训机构设施等。

4. 个人作出选择

向服务对象推荐培训项目后，应充分尊重个人的意见，由其在提供的培训项目和培训机构范围内自主确定是否参加培训和选择培训项目与培训机构。

【案例 2—1】　与失业人员和培训机构沟通

张红是 2005 年经考试合格被招用的××社区劳动保障协理员，负责辖区内失业人员的各项就业服务工作。主要是将市、区就业服务机构发布的培训信息传达和介绍给辖区的有培训意向的失业人员，即告诉失业人员在什么地方，有个什么培训机构，开设了什么专业，什么时候开始培训等。由于缺乏针对性和有效性，从培训机构反馈回来的情况看，效果很不理想。

2007 年 5 月，张红在参加了全市组织的劳动保障协理员业务培训班以后，了解了当前哪些专业是热门专业、哪些专业是市场急需专业，又根据市、区就业服务机构发布的培训信息，通过电话联系、网上搜索、实地考察，将全市主要的培训机构，哪一个有什么特色的培训专业、培训形式、交通情况（周围有哪几路公交车）等，全部记录下来，列成表格（见表 2—8）。当失业人员来咨询培训问题时，她不再是简单地将培训信息告诉失业人员，而是主动地与失业人员沟通交流情况，根据失业人员的基本情况和求职愿望，分析当前的就业形势及其职业技能水平与职业目标的差距，增强其参加职业培训的信心，帮助其挑选针对性强、路途方便、实用快捷、适合个人情况的培训专业和培训形式。同时，将在与失业人员交流中反映的情况记录下来，及时向相关培训机构反馈沟通，再次掌握培训机构新增专业和动态变化情况。通过一年多的实践，取得了十分明显的效果。

表 2—8　　××市失业人员培训机构情况一览表

机构名称	培训专业	特色专业	培训等级	培训形式	交通情况	联系电话

注意事项

1. 要根据服务对象反映的基本情况，分析其文化水平、职业技能等方面与职业目标的差距，激发其参加培训的信心。被培训对象的受教育程度、工作经历、学习能力是参加培训的基础，对培训的效果有很大的影响。此外，还应考虑其他影响因素，如家庭状况、学习愿望等。

2. 保持与培训机构培训信息沟通的顺畅，及时掌握培训信息。

3. 根据自己掌握和了解的培训信息，有针对性地向服务对象介绍培训信息，说明培训机构的名称、地点、交通路线、培训项目、培训内容、课程设置等，帮助其挑选针对性强、路途方便、实效快捷、适合个人情况的培训项目和培训形式。

4. 积极宣传国家鼓励参加培训的政策，向服务对象说明其可以享受的相关优惠政策。

5. 将已进行培训登记的人员信息，及时通过网络、传真、电话或报表传送到相关培训机构。

学习单元2　职业培训机构的选择

学习目标

1. 掌握职业培训机构的基本情况。

2. 了解各类培训机构的培训对象和特点。

3. 能够为服务对象介绍、查询培训项目和培训机构信息提供途径和方法。

知识要求

一、职业培训机构的类型

当前，在我国实施职业培训的机构主要有就业训练（培训）中心、职业院校、技工院校、企业培训机构、中外合作办职业培训机构等，还包括境外法人组织和个人、外商投资企业（机构）独立或同境内具有法人资格的社会组织联合举办的培训实体。职业培训的种类包括就业前培训、在职培训、再就业培训和创业培训。依据职业技能标准，培训的层次又分为初级、中级、高级职业培训和其他适应性培训。

二、各类培训机构的培训对象和特点

1. 就业训练培训中心

就业训练培训中心主要承担就业前培训和再就业培训，是培训失业人员和农村转移劳动力的重要基地，培训的对象主要是失业人员和农村转移劳动力。其特点是期限以短期为主，以初中级和其他适应性培训为主，以快速就业上岗为主，属非学制教育。

2. 技工院校

技工院校是培养技术技能型人才的主要基地，是培养中级、高级以上职业资格技能人才的国民教育。招生对象主要是普通初、高中毕业生，学制一般 2～3 年。其特点是需报名考试，培训期较长，以中高级职业培训为主，实行毕业证书和职业资格证书双证制度。技工学校的毕业生学历，等同于中专、职业中专、职业高中学历，其中高级技工学校毕业生学历相当于大专毕业生学历。

3. 企业培训机构

企业培训机构主要承担在岗职业资格培训和转岗转业培训，是企业职工培训的重要力量。其特点是学用结合，针对性强，以提高在岗职工技术等级和适应新岗位需求为主。

4. 其他培训机构

中外合作职业培训机构和民办培训机构是我国职业培训体系的重要组成部分，与其他培训机构相互补充。其特点是以市场和就业为导向，突出特色办学，培训对象广泛，机制灵活。

能力要求

一、掌握本地区各培训机构的基本情况

1. 了解本地区各培训机构现状

培训机构的现状是指培训机构的师资、设备、场地、效能等方面的当前状况。

（1）师资状况。优秀的教师是保证培训效果的决定条件。要尽可能地了解培训机构教师的来源，本单位教师和外聘教师的人数和比例；了解培训机构教师的职称和职业资格等级结构。

（2）设备状况。培训机构的设备是培训的重要工具，也是完成培训的重要条件。培训设备包括教学必备的桌椅、教具、黑板、实验设备、电化教学设备、图书资料、音响资料、实习设备等。

（3）场地状况。培训机构的场地是培训的必要条件。主要包括固定的校舍、实习训练基地等。一般说来，场地情况越优，培训机构的办学能力越强。

（4）效能状况。培训机构的效能是指职业培训的社会效益。主要通过培训后就业率的高低和培训学员的反映效果来体现。

2. 了解本地区各培训机构的分布

培训机构的分布主要包括培训专业和区域分布情况。

（1）专业分布。了解每个培训机构的专业设置。一个培训机构可能与其他培训机构设置相同的专业，也可能设置不同的专业，但都应该有其特长专业或特色培训项目，必须及时了解。

（2）区域分布。在一个地区会有若干个培训机构同时分布在不同的区域。必须了解每个培训机构所处的地理位置、交通路线、联系电话及其他联系方法。

二、与职业培训机构建立工作联系

1. 通报服务对象参加培训和就业意向信息

定期了解本辖区内服务对象的培训和就业意向，并进行分类统计分析，及时将信息统计分析结果传递给相关职业培训机构。

2. 掌握培训机构动态信息

经常与各培训机构进行工作联系，掌握其培训方向、培训项目、课程设置、培训规模、培训形式、培训层次等变动情况。

3. 向培训机构推荐参加培训的人员

对已确定培训项目和培训机构的人员，及时录入计算机网络系统或形成培训人员花名册向培训机构传送。

4. 协助培训机构做好服务工作

具体工作包括辖区培训需求调查，人员报名组织，培训政策的宣传和咨询，培训后服务等。

三、为服务对象查询职业培训机构提供方法和途径

1. 了解职业培训机构发布信息的途径

一般职业培训机构发布培训信息的途径主要是通过网络、广播、电视、报纸、

杂志、职业培训机构或职业培训机构在就业服务机构设立的报名窗口发布或刊登的招生广告和招生简章。

2. 提供查询信息的方法

根据培训机构发布信息的途径，掌握培训机构的联系电话、网址、发布广告的报纸、杂志名称日期或电视频道及时间，将自己掌握的培训信息告知服务对象，同时指导服务对象通过查阅相关报纸、杂志，上网或打电话到培训机构获取培训信息。

注意事项

1. 对本地区职业培训机构的名单、地址、联系电话和联系人信息，要编制成表，备查。

2. 对通过网络下载或其他渠道收集的各培训机构培训专业的开班时间、培训等级、培训期限，特色专业等信息，要保持与培训机构经常的联系和沟通。对已发生变化的要及时予以调整修改。

学习单元 3　职业技能鉴定

学习目标

1. 掌握职业技能鉴定的主要内容、程序和对象。

2. 能够登记服务对象鉴定需求和为其提供鉴定信息或提供查询信息的途径与办法。

3. 掌握职业资格证书制度的基本知识。

知识要求

一、职业技能鉴定的概念及主要内容和程序

1. 职业技能鉴定的概念

职业技能鉴定是指按照某一职业的要求，对劳动者的技能水平进行评价和认证的活动。在我国，是指按照国家法律、法规和国家职业标准或任职资格条件，通过

政府劳动保障行政部门批准考试考核机构对劳动者的技能水平或职业资格进行客观公正的测量、评价和认证的活动。职业技能鉴定的本质是一项基于职业技能水平的考核活动，属于标准参照型考试。它是由考核鉴定机构对劳动者从事某种职业所应掌握的技术理论知识和实际操作能力作出客观的测量和评价。主要包括初级、中级、高级技能等级考核和技师、高级技师的资格考评。其特点是以职业活动为导向，以实际操作为主要依据，以第三方认证原则为基础。

2. 职业技能鉴定的主要内容

职业技能鉴定分为理论知识考试和操作技能考核两部分。从 2003 年 6 月开始在理论知识考试中增加职业道德的考核内容。全部鉴定内容都是依据国家职业（技能）标准、职业技能鉴定规范（即考试大纲）和相应教材确定的，并通过编制试卷进行鉴定考核。知识要求考试一般采用笔试，技能要求考核一般采用现场操作加工典型工件、生产作业项目、模拟操作等方式进行。计分一般采用百分制，两部分成绩都在 60 分以上为合格，80 分以上为良好，95 分以上为优秀。

3. 职业技能鉴定的对象

职业技能鉴定的对象是指根据用人单位实际需求和个人愿望，以自愿为原则申报参加职业技能鉴定的各类用人单位职工和社会各类人员，主要包括：

（1）国家规定的从事涉及公共安全、人身健康、生命财产安全等特殊工种的人员。

（2）各类职业培训机构组织职业技术工种（专业）培训的毕（结）业人员。

（3）需晋升职业资格等级的人员。

（4）需转岗、转业的职业技术工种（专业）人员。

4. 职业技能鉴定的程序

我国的职业技能鉴定实行政府指导下的社会化管理体制，即按照国家法律政策，在政府劳动保障行政部门领导下，由职业技能鉴定中心组织实施，依托职业技能鉴定所（站）对劳动者技能水平实施的评价和认定的工作体制。（1）申报职业技能鉴定，首先要根据所申报职业的资格条件，确定自己申报鉴定的等级。（2）申请职业技能鉴定的人员，可通过组织其职业技能培训的培训机构，向相应的职业技能鉴定中心提出申请，也可以直接向职业技能鉴定中心或由职业技能鉴定中心授权其管辖的职业技能鉴定所（站）提出申请。（3）经考核鉴定机构审查符合要求的，由鉴定所（站）颁发准考证。申报技师、高级技师任职资格考评的人员，还需出具本人的技术成果和工作业绩证明，并提交本人的技术总结和论文资料等。（4）经鉴定合格者，由劳动保障部门核发相应的职业资格证书。

二、职业资格的概念及等级

1. 职业资格的概念

职业资格是指社会经济部门或行业根据某一职业的工作目标和任务，对从事这一职业的人员提出的必备的专业知识、职业技能和工作能力的基本要求。反映了劳动者为适应职业劳动需要而运用特定的知识、技术和技能的能力。职业资格包含从业资格和执业资格两部分。从业资格是指劳动者从事某一职业所需的专业学识、职业技能和工作能力的起点标准。获得此类职业资格只是对从业人员专业水平的一种客观评定，以此可以获得更好的竞争地位，对其是否可以从事特定活动没有影响。执业资格是指从事国家规定的涉及公共安全、人身健康、生命财产安全等特殊工种（职业）的人员所需的专业学识、职业技能和工作能力的必备标准。获得职业资格不只是对从业人员专业水平的一种客观评定，而且是对其从业资格的确认。未获得此种资格，从业人员就不能从事特定活动。职业资格由国务院授权部门通过学历认定、资格考试、专家评定、职业资格鉴定等方式进行评价，合格者授予国家职业资格证书。

2. 职业资格的等级

职业资格等级是指通过对职业的分析与评价，根据职业范围的宽窄、职业技术复杂程度及从业者掌握职业技能所需培训时间的长短，合理设定的国家职业资格五级结构。职业资格等级是职业技术复杂程度的客观反映。

国家职业资格等级由低到高分为五级，分别是国家职业资格五级（初级）、国家职业资格四级（中级）、国家职业资格三级（高级）、国家职业资格二级（技师）、国家职业资格一级（高级技师）。

（1）国家职业资格五级是指能够运用基本技能独立完成本职业的常规工作的技能等级。

（2）国家职业资格四级是指能够熟练运用基本技能独立完成本职业的常规工作，在特定情况下，能运用专门技能完成技术较为复杂的工作，能够与他人合作的技能等级。

（3）国家职业资格三级是指能够熟练运用基本技能和专门技能完成较为复杂的工作，包括完成部分非常规工作，能够独立处理工作中出现的问题，能指导和培训初级、中级人员的技能等级。

（4）国家职业资格二级是指能够熟练运用专门技能和特殊技能完成复杂的、非常规性的工作，掌握本职业的关键技术技能，能够独立处理和解决技术或工艺难题；在技术技能方面有创新，能指导和培训初级、中级、高级人员，具有一定的技术管理能力的技能等级。

（5）国家职业资格一级是指能够熟练运用专门技能和特殊技能在本职业的各个领域完成复杂的、非常规性的工作，熟练掌握本职业的关键技术技能，能够独立处理和解决高难度的技术问题或工艺难题；在技术攻关和工艺革新方面有创新，能组织开展技术改造、技术革新活动；能组织开展系统的专业技术培训，具有技术管理能力的技能等级。

三、职业资格证书制度

国家职业资格证书制度是指按照国家标准或任职条件，通过政府认定的考核鉴定机构对劳动者的技能水平或职业资格进行客观公正、科学规范的评价和鉴定，对合格者授予相应的国家职业资格证书的一种制度。我国现行的职业资格证书制度是国家证书制度的主体，也是一种特殊形式的国家考试制度。还是国际上通行的一种对技术技能人才的资格认证制度。

1. 职业资格证书的概念

职业资格证书是表明劳动者具有从事某一职业所必须具备的学识和技能的证明。是劳动者具有和达到某一职业所要求的知识和技能标准并通过职业技能鉴定的凭证，是职业标准在社会劳动者身上的体现和定位。从技术角度看，职业资格证书是社会按一定的职业标准，对劳动力质量进行严格检测的结果；从积极关系看，职业资格证书是社会对劳动供给者拥有的劳动力产权的核定和确认。职业资格证书的等级对应的是职业资格的等级，根据实际情况，有些职业可不设立高等级或低等级。

职业资格证书由中华人民共和国人力资源和社会保障部统一印制，由各级劳动保障部门或国务院有关部门按规定办理和核发。

2. 职业资格证书的作用和效力

（1）职业资格证书作用或社会功能，由国家法律赋予。一种情况是，只赋予它客观证明的效力，即证书所载内容只表明持证人所具有的技术等级或学历，供用人单位参考，不涉及对持证人如何使用和给予何种待遇的效力；另一种情况是，不仅赋予证书客观证明的功能，而且赋予它权利凭证的性质，使证书所载的技术等级或学历直接作为待遇晋升的条件或资格。

（2）职业资格证书是劳动者求职、任职、开业的资格凭证，是用人单位招聘、录用劳动者的主要依据，也是境外就业、对外劳务合作人员办理技能水平公证的有效证件，可在全国通用，并享受国家规定的相应待遇。也是境外就业、对外劳务合作人员办理技能水平公证的有效证件，如果已实行了双边或多边互认，还可以直接作为境外就业的有效依据。

能力要求

一、能够登记服务对象职业技能鉴定申请

1. 设计职业技能鉴定登记表

根据本地区职业技能鉴定机构的规定，设计本社区参加职业技能鉴定登记表（某地登记表实例见表 2—9）。

表 2—9　　某地社区人员参加职业技能鉴定登记表

姓名		性别		年龄	
身份证号			失业证号		
家庭地址			联系电话		
人员类别	□失业人员　□进城务工农村劳动者　□自费人员				
文化程度		有何技术特长			
是否已参加过职业技能培训			□是　□否		
是否享受一次性的职业技能鉴定补贴			□是　□否		
申请鉴定专业			□理论　□实操		
鉴定等级	□初级　□中级　□高级				
申请登记时间		申请人签字			
备注					

2. 登记职业技能鉴定申请

指导申请人根据鉴定的条件，确定鉴定等级，填写职业技能鉴定登记表。

3. 汇总登记情况

定期汇总申请鉴定人员情况，并按专业、等级进行分类。

4. 上报鉴定申请

根据申请人员分专业、等级情况，与相关职业鉴定机构取得联系，及时上报鉴

定申请。

5. 向申请人通知鉴定安排

将相关职业鉴定机构确定的鉴定时间和地点及时通知申请鉴定人员。

二、能够为服务对象提供职业技能鉴定信息

1. 掌握本地区发布的鉴定信息

通过与本地区职业鉴定部门的联系或登录本地区劳动保障网取得本地区职业技能鉴定信息。

2. 提供鉴定信息

及时将有关鉴定信息准确告知需要参加职业技能鉴定的服务对象。

三、能够为服务对象提供查询职业技能鉴定信息的途径和方法

1. 了解职业技能鉴定机构发布信息的途径

一般职业技能鉴定机构发布鉴定信息的途径主要是通过网络、广播、电视、报纸、杂志、职业技能鉴定机构或职业技能鉴定机构在就业服务机构设立的服务窗口发布或刊登鉴定信息。

2. 提供查询信息的方法

根据职业鉴定机构发布信息的途径，掌握职业技能机构的联系电话、网址、发布广告的报纸、杂志名称、日期或电视频道及播放时间，将自己掌握的鉴定信息告知服务对象，同时指导服务对象通过查阅相关报纸、杂志，上网或打电话到职业鉴定机构获取鉴定信息。

注意事项

1. 要向服务对象讲明具体职业对职业资格证书的不同要求。那些职业从业人员取得职业资格证书，只是表明其技能水平，不影响其是否可以从事该项职业活动。那些没有获得该种职业资格证书的人员，就不能从事该项职业活动。

2. 提供的职业鉴定信息要清晰具体、准确有效。

3. 汇总、上报鉴定信息一定要及时。一般可根据人数的多少，在一周内报送相关职业鉴定机构，最长不要超过一个月。

【案例 2—2】　职业资格证书是就业的通行证

李明是某市延安路街道××社区的劳动保障协理员，在一次区就业服务中心组织的社区就业活动中，认识了本辖区内一外资企业的人力资源部的工作人员小张，

并交换了联系电话。一天上午，正在办公室的李明接到了小张的电话，希望推荐一名技术熟练的中级钳工，待遇优厚。李明首先想到了自己一个失业多年的亲戚老刘曾干过钳工，马上就给他打电话，通知其去参加面试。第二天，李明再次给其亲戚打电话，了解面试情况。老刘因没有职业资格证书，对企业提出的技术问题不熟悉而未被企业录用，但对企业支付的一个月工资相当于自己现在 4、5 个月的收入十分动心。原来，现年 48 岁的老刘，5 年前，因企业破产关闭而失业。失业后，自己干过小买卖，并先后在多家单位从事仓库保管、保安等非技术性工作。看到老刘心仪高收入的工作，李明就对其进行了职业指导，帮助其分析就业形势和个人的优势与不足。指出其曾干过多年的钳工，有一定的基础；同时，这个工种需求的企业较多，而当前具备较高水平的人员又较少，如能参加中级钳工的培训，取得相应的职业资格证书，提高自己的技能水平，就有可能取得较高的收入。老刘在李明的指导下，选择了一家离家较近、培训设施设备条件较好的培训机构，参加了中级钳工培训。半年后，老刘拿着职业资格证书来找李明，李明通过市人力资源信息网，为其提供了几家招聘单位的信息。没几天，老刘高兴地给李明打电话，有一家企业同意与其签订劳动合同，工资待遇是自己平时一个月收入的三倍多。由此，李明对没有职业资格证书且想从事技术工种的求职者常说的一句话就是："职业资格证书是就业的通行证。"

第 5 节　退休人员社会化管理服务

学习单元 1　组织开展日常文体娱乐活动

学习目标

1. 了解日常文体娱乐活动的内容和组织形式。
2. 能够制订文体娱乐活动计划并组织实施。
3. 能够对活动情况进行汇总、分析、上报。

知识要求

一、日常文体娱乐活动的内容

退休人员日常文体娱乐活动的主要内容包括定期组织退休人员读书、看报，结合他们关心的问题，重点学习政治、经济、历史、法律、科技、文学、生活、艺术等内容；定期组织退休人员开展健身活动，如门球、慢跑、轻度力量训练、太极拳等；定期组织退休人员参加歌唱、舞蹈、器乐、曲艺、棋牌等活动；定期组织行动不便的退休人员做必要的康复活动；还可以结合本社区退休人员的共同爱好，单独开发一些受欢迎的活动项目。

二、日常文体娱乐活动的组织形式

日常文体娱乐活动的组织形式主要是由劳动保障协理员通过指导退休人员自我管理和互助服务组织来开展的。要制订明确的计划，了解活动规模，提供必要的场地和经费，并组织实施。另外，劳动保障协理员还可以通过引导兴趣爱好小组和志愿者服务队伍、联系街道社区党组织等形式，组织退休人员开展文体娱乐活动。

能力要求

一、制订文体娱乐活动计划

制订活动计划时，一般是按照年和月的时间周期来制定。可以为所有自我管理和互助服务组织制订统一计划，也可以结合不同自我管理和互助服务组织的特点，安排不同的活动计划。无论怎样制订，都要结合时间周期来完成。

1. 制订年度计划

（1）整理上一年度开展活动情况，进行汇总分析，制订初步计划。计划内容应包括两个方面：一是活动的时间安排。二是确定每个自我管理和互助服务组织当年计划举办活动的次数和内容。

（2）与自我管理和互助服务组织小组长开会，就计划进行初步讨论，听取他们的意见和建议，并对计划进行修订。

（3）对修订后的计划进行公示，广泛听取退休人员的意见和建议。

（4）综合各方面意见后，提出年度经费预算，并将计划与预算一并报上级主管部门。

（5）得到上级主管部门报告批准后，确定计划并做好备案。

2. 制订月计划

（1）以年度计划为依据，制订月度计划。

（2）将下月拟组织活动的时间和内容告知自我管理和互助服务组织小组长，征求他们及退休人员的意见和建议，并初步统计参加活动人数。

（3）对拟参加活动的人数进行统计汇总，提出经费计划。

（4）按照活动需要，提出活动场地计划。

二、组织实施文体娱乐活动

1. 活动举办前一个星期，再次与自我管理和互助服务组织小组长进行沟通，确定参加活动的人员。

2. 如人数有变动，则对原计划进行适当调整。

3. 将最终确定的活动计划上报上级主管部门，申请活动经费和活动场地。

4. 得到批准后，按计划购买活动所需物品，联系活动场地，做好活动前的安排。充分考虑可能发生的突发事件，并做好相应准备。如准备好一些急性病的药品。

5. 活动期间，本人或通过自我管理和互助服务组织小组长做好参加活动人员的登记，了解退休人员未按计划参加活动的原因以及未列入计划而来参加活动的原因。维持活动举办期间的现场秩序。控制活动按原计划时间进度进行。

三、总结文体娱乐活动情况

1. 将实际参加活动的人数与计划进行比较，总结计划制订的准确性。分析参加活动人员产生差别的原因，改进信息通报渠道，增强与退休人员的交流。

2. 对经费使用情况进行总结。将实际发生经费与经费计划进行比较，分析是否因参加活动人数差异、物品价格涨跌等原因而使计划偏离实际过大。计算某一种或一类活动所需人均费用，为今后制订类似活动计划积累经验。

3. 对活动场地情况进行总结。结合活动的特点和实际参加活动人数，考虑举办某一种或一类活动所需场地面积，为今后制订类似计划积累经验。

4. 与部分参加活动的退休人员进行面对面交流，听取他们对本次活动的意见和今后举办类似活动的建议。

5. 将活动有关情况进行备案。可以通过计算机或手工台账的形式来完成。主要内容包括参加活动人数、活动经费的计划情况和实际情况，以及退休人员的意见和建议。要能够对人数、经费等指标进行统计汇总。

6. 报告活动举办情况。内容要包括活动举办情况、经费使用情况、活动场地情况和退休人员的意见和建议。

注意事项

1. 制订活动计划时，要充分考虑活动安排的时间周期，活动不要安排得太密集，也不要太松散。安排活动内容时，虽然可以结合退休人员的意愿有一定倾向性，但还要考虑全方位开展活动的需要，综合安排文化、体育、学习、娱乐等方面的活动。

2. 因为退休人员年龄较大，考虑到他们体力和精力的因素，组织活动的时间不宜过长。时间超过原定计划时，要及时控制。组织实施活动期间，要观察退休人员的身体和情绪变化，避免出现意外情况。

3. 报告有关情况时，尤其是参加活动人数、经费使用等情况，要做到实事求是，不得虚报、瞒报。

学习单元 2　建立健康档案

学习目标

1. 了解健康档案的内容和建立方式。

2. 了解社区卫生服务机构的概念。

3. 能够积极联系社区卫生服务机构为退休人员建立健康档案，并进行定期更新。

知识要求

一、健康档案的内容和建立方式

从理论上讲，全科医疗健康档案在内容上分为三个部分，即个人健康档案、家庭健康档案和社区健康档案。个人健康档案在全科医疗中应用十分频繁，使用价值也最高。家庭健康档案则根据实际情况，建立和使用的形式不一。目前社区健康档案在全科医疗服务中没有被给予更多的统一要求，主要用以考核对社区的居民健康状况与社区资源状况的了解程度。个人健康档案的主要内容包括个人的基本资料、健康问题目录、病情流程表、问题描述及进展记录、转会诊和住院记录、预防性记录、慢性病病人随访记录、化验及辅助检查记录。家庭健康档案的主要内容包括家庭的基本资料、家系图、家庭评估资料、家庭主要问题目录、问题描述和家庭各成员的个人健康档案。社区健康档案的主要内容包括社区基本资料、社区卫生资源、社区卫生服务状况、社区的健康状况。

从目前社会化管理服务工作的要求来看，主要是为退休人员建立个人健康档案。但考虑到目前全面了解退休人员健康状况难度较大的实际情况，只是针对一些必备的基本项目提出建立健康档案的要求，内容较为有限，主要包括个人基本资料、个人体检、既往病史、家族病史、慢性病、常见病及生活习惯等情况。从健康档案的建立方式来看，主要分为两种：一种是传统纸质健康档案。一般只记录与本次疾病相关的资料，包含疾病、体检、疫苗等信息。另外一种是网络数字化健康档案。借助计算机和网络等先进技术，将社区内所有退休人员的相关健康信息采集录入后，传输给社会保险经办机构，数据集中存储，用以随时随地、随心所欲地查看、检索、统计个人健康信息，为健康风险评估、疾病诊疗和有针对性健康保健指导等提供基础性保障，进而为退休人员提供相关建议和诊疗服务。

二、社区卫生服务机构的概念

社区卫生服务机构是指在城市范围内设置的、经区（市、县）级政府卫生行政部门登记注册并取得医疗机构执业许可证的社区卫生服务中心和社区卫生服务站。社区卫生服务机构以社区、家庭和居民为服务对象，以妇女、儿童、老年人、慢性病人、残疾人、贫困居民等为服务重点，开展健康教育、预防、保健、康复、计划生育技术服务和一般常见病、多发病的诊疗服务，具有社会公益性质，属于非营利性医疗机构。

社区卫生服务机构提供以下公共卫生服务：第一，卫生信息管理。根据国家规定收集、报告辖区有关卫生信息，开展社区卫生诊断，建立和管理居民健康档案，向辖区街道办事处及有关单位和部门提出改进社区公共卫生状况的建议。第二，健康教育。普及卫生保健常识，实施重点人群及重点场所健康教育，帮助居民逐步形成易于维护和增进健康的行为方式。第三，传染病、地方病、寄生虫病预防控制。负责疫情报告和监测，协助开展结核病、性病、艾滋病、其他常见传染病以及地方病、寄生虫病的预防控制，实施预防接种，配合开展爱国卫生工作。第四，慢性病预防控制。开展高危人群和重点慢性病筛查，实施高危人群和重点慢性病病例管理。第五，精神卫生服务。实施精神病社区管理，为社区居民提供心理健康指导。第六，妇女保健。提供婚前保健、孕前保健、孕产期保健、更年期保健，开展妇女常见病预防和筛查。第七，儿童保健。开展新生儿保健、婴幼儿及学龄前儿童保健，协助对辖区内托幼机构进行卫生保健指导。第八，老年保健。指导老年人进行疾病预防和自我保健，进行家庭访视，提供针对性的健康指导。第九，残疾康复指导和康复训练。第十，计划生育技术咨询指导，发放避孕药具。第十一，协助处置辖区内的突发公共卫生事件。第十二，政府卫生行政部门规定的其他公共卫生服务。

社区卫生服务机构提供以下基本医疗服务：一般常见病、多发病诊疗、护理和诊断明确的慢性病治疗；社区现场应急救护；家庭出诊、家庭护理、家庭病床等家庭医疗服务；转诊服务；康复医疗服务；政府卫生行政部门批准的其他适宜医疗服务。

能力要求

联系社区卫生服务机构为退休人员建立健康档案并定期更新

1. 登记服务机构。对社区内取得资质的社区卫生服务机构进行登记，建立登记制度。

2. 了解机构服务情况。了解社区卫生服务机构面向社区居民，尤其是面向退休人员提供服务的情况，对相关意见和建议进行记录。向相关部门和单位反映社区卫生服务机构服务情况。

3. 初步沟通。与服务情况较好的社区卫生服务机构进行交流与沟通，了解其为退休人员建立健康档案的意向，以及可以向退休人员提供的优惠服务。

4. 商谈合作。与有意向的社区卫生服务机构商谈合作细节，如结合本社区居民情况，适当增加或减少健康档案的内容；建立健康档案的方式；向退休人员提供优惠医疗服务等。

5. 签订协议。与提供服务的社区卫生服务机构签订合作协议，在协议上明确双方的职责。

6. 收集健康信息。已开展免费体检的地区，可通过体检的形式一次性收集退休人员的健康状况信息；未开展免费体检的地区，建议通过走访或面对面交流的方式，收集他们的健康信息。还可以通过退休人员在社区卫生服务机构就诊的渠道来为其建立健康档案。

7. 建立健康档案。信息收集后，督促社区卫生服务机构组织力量为退休人员建立纸质健康档案或电子数字化健康档案。

8. 进行定期更新。更新的方式主要有三种：一是将退休人员每年的体检结果与健康档案做比较，发生变化的要及时更新。二是通过走访来了解退休人员健康状况的变化。三是通过退休人员到社区卫生医疗机构就诊完成更新。

9. 调整档案内容。定期了解退休人员对建立健康档案的需求和建议，与社区卫生服务机构一起，适时调整健康档案内容。

注意事项

1. 要做好建立健康档案的监督工作，保证健康档案的细致、真实、全面。

2. 要充分发挥自管组织的作用，可以自管组织为单位，逐个小组逐个退休人员进行落实，保证为辖区内全部退休人员建立健康档案。

3. 通过与社区卫生服务机构的有效联系与沟通，充分发挥其优势与作用，为退休人员提供更多、更好的医疗保健服务。

4. 可以考虑引入竞争机制，同时选择几家社区卫生服务机构为退休人员建立健康档案，评估其工作情况。

学习单元 3　特殊群体的管理服务

学习目标

1. 了解居民最低生活保障线的基本内容。

2. 掌握特殊群体分类。

3. 了解为特殊群体提供服务的有关规定。

4. 能够建立和管理特殊群体的台账。

知识要求

一、最低生活保障线的基本内容

1. 最低生活保障线的概念

城市居民最低生活保障标准，又称为城市居民最低生活保障线，是国家为救济社会成员中收入难以维持其基本生活需求的人口而制定的一种社会救济标准。最低生活保障标准是城市居民最低生活保障制度中最基本的内容。

2. 最低生活保障线的性质

城市居民最低生活保障标准具有以下几个特性：一是科学性。保障标准是由政府有关部门按照一定程序，经过广泛调查研究和严密方法测定的，具有一定的科学性。二是统一性。由于一个行政区域（市、县或区）只有一个保障标准，它适用于本区域内的全体居民，无论其就业与否、身份背景如何，在这个保障标准面前都一视同仁。三是权威性。最低生活保障标准是由政府组织制定和调整，并通过文件或法令形式向社会公布的一项政策规定，具有法规的效力和权威性。

3. 最低生活保障线的特点

（1）获取最低生活保障是公民的一项基本权利。在现代社会中，尤其是在经济、社会转型的变革时期，从总体看，造成贫困的原因中社会因素大于个人因素。所以，对于国家和社会来说，社会救助是其不容推卸的社会责任。在当今世界上，社会救助制度通常被视为纯粹的政府行为，是一种完全由政府运作的最基本的再分配或转移支付制度。对于每一个公民来说，社会救助是他们应享受的法律保护的基本权利。我国宪法第四十五条明确规定：“中华人民共和国公民在年老、疾病或者丧失劳动能力的情况下，有从国家和社会获得物质帮助的权利。”

（2）最低生活保障制度是在公民由于社会的或个人的、生理的或心理的原因致使其收入低于最低生活保障线因而陷入生活困境时发生作用。一般会有一套称为“家庭经济情况调查”的法定工作程序来审核申请救助的公民的收入状况，这包括个人申请、机构受理、立案调查、社区证明、政府批准。能否得到社会救助的关键是申请者个人收入或家庭成员的人均收入是否低于政府事先确定的最低生活保障线。

（3）最低生活保障制度提供的仅仅是满足最低生活需求的资金或实物。它是社会保障制度中的最后一道安全网，极力使每一个公民不至于在生活困难时处于无助的困境。不管何种原因致贫，没有其他任何资格限定，只看受助者是否真是贫困。同时，它的责任仅仅是使受助者的生活相当于或略高于最低生活需求，以避免产生依赖心理乃至不劳而获的思想。只要受助者的收入超过最低生活标准，救助行动即告一段落。同时，因“能上不能下”的“刚性”比较突出，所以制定最低生活保障线要把握适度。

二、特殊群体分类

当前，在退休人员社会化管理服务工作中，特殊群体主要分为六大类：高龄、孤寡、重病、特困、新中国成立前参加工作、劳模。劳动和社会保障部社保中心印发的劳社险中心函［2003］37 号文件对此作出了明确的分类。

1. 高龄

一般来讲，高龄是指对年龄在 70 岁以上的退休人员。也有的地区视当地居民生活水平和老年人的平均年龄适当调高了高龄的年龄标准，如将年龄在 75 岁以上的企业退休人员认定为高龄。

2. 孤寡

孤寡是指男性年龄满 60 周岁、女性年龄满 55 周岁，且无儿无女的退休人员。部分地区结合本地实际情况，对年龄限制作出了变更规定。

3. 重病

重病退休人员既包括按病退办理退休手续、享受病退待遇的退休人员，也包括退休后得了重病的退休人员。目前，已初步完成对 26 种重大疾病的标准定义，并根据受影响的群体，确定了 8 种重大疾病为“核心疾病”，包括急性心肌梗死、严重脑中风、恶性肿瘤、冠状动脉搭桥手术、重大器官移植、慢性肾衰竭尿毒症、严重烧伤、瘫痪。

4. 特困

一般划定特困线（活命线）、贫困线（温饱线）、脱贫线（发展线）作为判定标准。目前，许多城市也以最低工资标准线、失业救济标准线最低生活保障线作为判定城市居民是否贫困的标准。

5. 新中国成立前参加工作

1949 年 10 月 1 日以前参加工作的统称为新中国成立前参加工作的。以干部身份办理退休手续的是离休。以工人身份办理退休手续的，视其工作过程的情况确定离休与退休：曾经从事过干部工作的，干部时间长于工人时间的可办理离休，工人时间长于干部时间的仍然办理退休；一直从事工人工作的办理退休，称为新中国成立前参加工作老工人，享受 100％退休工资，同时根据参加工作时间给予增发 1～2 个月工资，其他待遇和退休职工相同。

6. 劳模

作为国家授予劳动者的最高荣誉——“劳动模范”，在国家级别上评选劳模最早是从 1950 年开始的。1950—2000 年，全国共召开了九次全国劳模表彰大会，受表彰的全国劳模累计 2.2 万多人次，在全社会发挥了巨大的鼓舞、教育和激励作用。劳模主要有国家劳模、省劳模、市劳模三种。

三、为特殊群体提供服务的有关规定

中共中央办公厅、国务院办公厅转发的劳动和社会保障部等 13 个部门和单位的《关于积极推进企业退休人员社会化管理服务工作的意见》明确规定，各地区要按照党中央、国务院提出的完善社会保障体系的有关目标和要求，以深化企业改革、维护社会稳定和不断提高退休人员生活质量为宗旨，因地制宜分类指导，积极探索推进社会化管理服务工作的有效途径和方法。工会、共青团、妇联、老龄等组织和机构要充分利用各自的管理服务网络，发挥自身优势，为退休人员特别是为高龄、孤寡、病残等生活困难的退休人员提供义务服务，在维护退休人员合法权益方面发挥积极作用。在此基础上，各地结合自身实际，制定了一系列面向特殊群体提供服务的办法。

能力要求

特殊群体台账的建立和管理

1. 初步分类。以基本信息库（卡）中的内容为基础，按高龄、孤寡、重病、特困、新中国成立前参加工作、劳模 6 类人群，对退休人员进行初步分类。实现计算机管理的，可通过检索分类的方式来完成。手工操作的，要在填写或核实退休人员基本信息库（卡）的同时，按照分类分别建立单独台账并填写相关信息。

2. 核实分类。建立初步分类后，通过走访慰问或退休人员自我管理和互助服务组织进行核实，发现遗漏的，要予以补充；发现错误的，要进行更正。退休人员有疑问时，要上门了解、核实情况。

3. 信息对比。各项分类核实后，与社会保险经办机构移交的退休人员基本信息有关内容进行对比，确保分类的准确性。

4. 分类汇总。依据每类台账的信息，做好各项分类的汇总。

5. 维护更新。通过走访慰问、自我管理和互助服务组织、社会保险经办机构移交信息变更等渠道，对与退休人员年龄变化相关的高龄人员、与退休人员身体健康相关的重病人员、与退休人员家庭成员相关的孤寡人员、与退休人员生活水平相关的特困人员的增减变化进行信息变更，做增加、减少和变更处理。依据各类台账变化情况，做好信息变更后的汇总。

【案例 2—3】　目前某市有全国劳模 28 人、全国“五一”劳动奖章获得者 21 人、部级劳模 29 人、省级劳模 234 人、市级劳模 548 人、市“五一”劳动奖章获得者 629 人，共 1 489 人。其中，约 30％生活比较困难，退休劳模家庭尤其困难。和全国基本一致，目前某市的贫困劳模主要由三个原因形成：其一是 20 世纪五六十年代的劳模，这批劳模退休早、工资低、家庭负担重，不少人疾病缠身，生活十分困难；其二是停产、半停产及破产企业的劳模，这些劳模的子女一般子承父业同样下岗或失业，家庭没有稳定的收入来源；其三是患重大疾病或遭遇天灾人祸的劳模，他们在岗时一个人干几个人的活，到年龄大了，疾病缠身却又看不起病。还有部分劳模则是因意外灾害致贫。

据介绍，过去，在帮扶困难劳模方面，某市只有两种很单一的举措：日常慰问和逢年过节送温暖活动。此外，再没有其他专门的相关优先优惠和照顾政策。由于一直是输血式而不是造血式帮扶，效果很不明显，只能救急。2004 年末，某市加大了对困难劳模帮扶的力度。首先通过政府拨付、工会筹措、社会募捐，建立了首期 22.5 万元的困难劳模帮扶基金，2005 年春节前夕，对全市 108 名家庭特别困难的劳模进行了慰问和救助。同期，某市总工会发出通知，在全市倡导开展“劳模携手、同奔小康”活动，按照自愿的原则，通过工会牵线搭桥，由条件好的劳模帮扶相对困难的劳模，重点帮助他们解决生活困难、下岗子女再就业问题。

但对有些特殊困难劳模来说，单是开展一项或几项活动是解决不了根本问题的，除造血式帮扶之外，还需要政府建立长效的生活保障制度和救助机制。帮助困难劳模解决生产、生活中的实际问题，让他们光荣而不失温暖，是对劳模以及他们所付出劳动的尊敬。某市下一个动作很明确，即把“劳模手拉手”活动扩大，争取在 2008 年底在全市范围整体消灭劳模贫困的难堪现实，再塑劳模光环。

注意事项

1. 调查了解退休人员情况时，要注意工作方法和沟通技巧，不可采用易对退休人员产生伤害的方式和语言，对于重病、高龄等退休人员，宜通过走访等形式了解情况；对于家庭收入等比较敏感的问题，应采取谨慎、迂回的方式提出，以免引起退休人员反感。

2. 填写台账要符合一般规范。一律用标准汉字填写，字迹清晰工整；所有数字一律用阿拉伯数字；年龄以周岁计算；出生日期用公历填写等。

3. 台账要及时登统。既能保证及时提供相关服务，也能及时发现存在的问题。

学习单元4 丧葬事务服务

学习目标

1. 了解丧葬事务的有关规定。
2. 了解当地办理丧葬事务的风俗、人情等情况。
3. 能够向死亡退休人员家属提供丧葬事务的服务。

知识要求

一、丧葬事务的有关规定

目前，一般地区向退休人员提供的丧葬事务服务主要是指为其配偶、子女申领丧葬补助金和遗属津贴。退休人员死亡，其家属可申领丧葬补助费和遗属津贴。参加基本养老保险的退休人员，上述待遇由社会保险基金支付。未参保的退休人员，由其生前所在单位支付。但也有部分地区为深化退休人员社会化管理服务工作，由财政拨付或从社会化管理服务经费中列支部分资金，用于办理死亡退休人员的丧葬事务。

二、丧葬事务的风俗、人情

安葬死者的礼俗起源于“灵魂说”。关于“灵魂不死”，恩格斯说过：“在远古时代，人们还完全不知道身体的构造，并且受梦中景象的影响，于是就产生了一种观念：他们的思维和感觉不是他们身体的活动，而是一种独特的、寓于这个身体之中而在人死亡时就离开身体的灵魂活动。从这个时候起，人们不得不思考这种灵魂对外部世界的关系。既然灵魂在人死时离开肉体而继续活着，那么就没有任何理由去设想它本身还会死亡，这样就产生了灵魂不死的观念。”

因为人们对于一些生理上出现的诸如梦幻的不理解，所以以为人死了之后灵魂会变成鬼。当人活在世上时，魂魄附身支配着人一生的活动，但是不对别人构成威胁或起庇护作用。然而，一旦人死亡，灵魂所变的鬼却具有非凡的能力和作用，可以对亲戚、朋友或者其他人产生或好或坏的影响。因此，人们为了祈求鬼魂，避灾求福，对遗体再不敢漠然置之了。这样，便产生了丧葬习俗。随着人们宗亲观念的加强，丧葬礼俗成了封建伦理的一个重要的内容。考察一个人是否符合“孝”的标准，看他对丧葬礼俗遵循的程度也是一个重要的方面。

1. 过去的丧葬习俗

旧时，丧礼习俗依家庭经济状况定繁简，一般采取棺木土葬。为死者洗脸、梳头、更衣。晚辈手持丧棍，戴孝帽，穿孝服，鞋覆白布，到各处（主要为邻里、亲友）报丧，门外悬挂幡纸楼，家中设灵堂，请僧道吹打念经，亲友户族献供馔祭奠。由主事人指挥，儿女们围着纸楼哭轻，还要左转三右转三，哭叫死去的爹娘“上轻”。为亡者读吊唁祭文。治孝期间儿孙们戴“麻冠”，女子戴长孝，身上缚麻绳，叫“披麻戴孝”，守候灵旁，谓之“守灵”，跪迎亲友来家吊奠。亡者出殡之日，户族亲友前来吊丧。多数人家都是亡者三天出殡，也有七天出殡的。甚或“五七”（三十五天）、百天出殡的。妇女产后死亡，不得入祖坟，有的还要在墓坑将尸体火化。

2. 陈旧丧葬习俗的危害

首先，因丧葬占用土地的面积在飞速增长中形成了死人和活人争土地的怪现象；现代公墓建设为墓地的自然还野制造了难以跨越的障碍，甚至于百年之内都不能自然恢复；丧葬造成的资源浪费与日俱增令人咋舌。每年春节、清明、七月十五、重阳、冬至期间，因墓地致祭烧化冥币、纸衣、花圈而引发的山野和林地火灾越来越多，资财损失和生态破坏以及人员伤亡事故的惨状令人触目惊心，危害范围和程度越来越大、越来越严重。打破传统的封建思想，大力宣传科学的丧葬革新思想，是打破传统丧葬观念实现革新目标的最有效的办法和途径。目前，大多是按照老人的遗嘱在亲人们告别遗体后，火化完将骨灰撒入江河；有的是在火化后将骨灰撒到老人的原籍故居或老人交待过的地方；有的则为了方便致祭，在山坡上种一颗或百颗松树，将骨灰撒在树丛中，让亡人的生命与亲人的思念与青山常在与青松同寄并随之延续。另外，于每年的传统致祭节日里全家人来给松树浇水施肥，然后回到家面对遗像燃起清香，悼以缕缕哀思。

各地的丧葬事务的风俗和人情都有不同，我们在提供离退休人员丧葬事务服务的时候，要注意结合当地的风俗习惯、人情，既要破除封建迷信，倡导社会主义新风，又要做到尊重死亡离退休人员家属的要求，对于不合理的要求和做法，要积极地从思想上去引导。

能力要求

丧葬事务服务的提供

1. 告知权利。社区内退休人员去世后，要主动上门，按照相关规定向其家属进行走访慰问，并告知可领取的待遇项目以及申领条件和手续，发放待遇申请表。向其家属详细说明待遇项目以及申领条件和手续，避免申领时材料缺失或不合格。对不符合申领条件的，要做好解释工作。

2. 帮助办理申领丧葬补助金和遗属津贴手续。

3. 协助办理相关事务

可按照当地有关规定，提供相关服务：

（1）申请经费

以当地规定的有效文件（如公安部门开具的户籍注销证明、医院开具的死亡证明等）向上级主管部门或社会保险经办机构申请相关服务费用。

（2）物品采购

按当地对提供丧葬事务服务所应采购的物品及费用标准进行具体落实。

（3）提供服务

携带采购的物品或慰问金到死亡退休人员家中进行慰问。同时，了解遗属的需求和困难。

（4）报告情况

向上级主管部门或社会保险经办机构报告有关情况，具体内容包括时间、送慰问品或慰问金、遗属反映的问题等。

（5）统计汇总

定期向上级主管部门或社会保险经办机构报告提供丧葬事务服务的情况。

注意事项

1. 要充分考虑到当地办理丧葬事务的风俗习惯，切不可提出强制要求，遇到与政策和规定不符的情况，要耐心地做好说服解释工作。

2. 要与死亡退休人员家属进行充分的沟通与交流，按照他们的需要，提供合理的建议和力所能及的帮助。

3. 要严格执行办理丧葬事务服务的有关费用规定，对所有人员一视同仁，不可厚此薄彼。

4. 要主动做好死亡退休人员家属的安慰劝解工作，尽可能减少他们的精神痛苦。

学习单元 5　养老护理服务和退休人员公寓信息的发布和更新

学习目标

1. 了解兴建退休人员公寓的有关规定。
2. 能够发布和更新老年护理服务和退休人员公寓的有关信息。

知识要求

兴建退休人员公寓的有关规定

退休人员公寓作为劳动者退休后集中居住生活的场所，属于公共老年服务设施的范畴。2005 年底，《国务院关于完善企业职工基本养老保险制度的决定》提出，要在有条件的地方，开展老年护理服务，兴建退休人员公寓。这项工作是完善以居家养老为基础、社区养老为依托、机构养老为补充的养老服务体系建设的一项重要内容，对于应对老龄化社会和构建社会主义和谐社会，对于完善社会保障体系，实现促进就业和满足退休人员需求的“双赢”，都具有十分重要的意义。今后，随着退休人员公寓建设步伐的加快，向退休人员提供这方面的信息，满足他们机构养老的需求，将逐渐成为街道社区劳动保障工作平台的一项重要职责。

能力要求

老年护理服务和退休人员公寓信息的发布和更新

1. 了解当地基本情况。通过当地劳动保障部门了解本地区培训养老护理员培训人数、培训等级、服务内容等情况，了解全国和本地退休人员公寓建设规模、水平和服务项目等情况。

2. 制作明细表。对养老护理服务按照服务种类进行分类，制作明细表；退休人员公寓以地域和规模进行分类，制作明细表。

3. 告知形式。采取张榜公示、自我管理和互助服务组织传达、座谈会等形式告知退休人员护理服务内容、护理服务水平等护理服务信息，以及全国和本地退休人员公寓建设水平、服务项目等情况。

4. 定期维护。以半年为周期，了解养老护理服务和退休人员公寓的变化情况并予以公布。及时对退休人员公寓的供求信息进行发布，合理利用和发挥养老机构的效能，为离退休人员做好服务工作。加强和退休人员公寓信息的联系，建立相应的联系制度，定期对退休人员公寓信息需求情况进行更新。

思考题

1. 就业援助对象的范围具体包括哪些人员？
2. 简要说明就业援助对象的认定程序。
3. 在政策咨询服务中对劳动保障协理员的基本要求是什么？
4. 简述公益性岗位的概念。
5. 简述公益性岗位申请安置程序。
6. 简述就业援助的概念和特点。
7. 援助政策体系涵盖哪些方面？
8. 简述职业指导的原则。
9. 简述职业指导的内容。
10. 简述开展一对一职业指导的方法。
11. 用人单位用工指导的内容有哪些？
12. 职业供求信息采集的原则有哪些？
13. 用工需求信息传递的方式有哪些？
14. 社区职业介绍工作程序有哪些？
15. 简述用工登记时应注意的问题。
16. 简述求职登记时应注意的问题。
17. 如何正确理解职业介绍过程中科学匹配的含义？
18. 职业培训、创业培训的主要内容是什么？
19. 我国职业培训机构的主要类型有哪些？
20. 职业资格证书的作用是什么？

21. 什么是职业技能鉴定？
22. 简述退休人员文体娱乐活动的计划、组织和总结过程。
23. 如何为退休人员建立健康档案？
24. 退休人员的特殊群体包括哪些？

第3章 承办、协办就业和社会保险具体事务

第1节 就业服务具体事务

学习单元1 失业登记和就业登记

学习目标

1. 了解失业登记和就业登记的基本内容。
2. 能够为辖区居民办理失业登记和就业登记。

知识要求

一、失业登记的有关规定

失业登记制度是《中华人民共和国就业促进法》规定的就业服务和管理制度之一，也是开展劳动力资源管理的重要措施。《就业服务与就业管理规定》（劳动和社

会保障部令第 28 号）对此作出了专门规定。

1. 失业登记的对象

在法定劳动年龄内，有劳动能力和就业要求，处于无业状态的城镇常住人员，按照国家有关规定可以到公共就业服务机构进行失业登记。主要包括：

（1）年满 16 周岁，从各类学校毕业、肄业的。

（2）从企业、机关、事业单位等各类用人单位失业的。

（3）个体工商户业主、私营企业主停业、破产停止经营的。

（4）承包土地被征用，符合当地规定条件的。

（5）军人退出现役、且未纳入国家统一安置的。

（6）刑满释放、假释、监外执行或解除劳动教养的。

（7）各地确定的其他失业人员。

2. 失业登记的主要内容

失业登记的主要内容包括姓名、性别、民族、出生年月、政治面貌、身份证号码、文化程度、职称、人员类别、现住址、邮编、户口所在地、户口性质、婚姻状况、健康状况、专长、技能培训情况、失业时间和原因、原工作单位、择业要求、联系电话或联系人电话等。

3. 失业登记人员的义务

失业登记人员需履行以下义务：

（1）如实向失业登记机构反映积极求职就业情况。

（2）积极应聘公共职业介绍服务机构推荐的就业岗位，并接受职业指导。

（3）积极参加劳动保障部门组织的职业培训和各类创业就业促进项目。

（4）接受和配合街道（乡镇）劳动保障机构组织的失业登记人员求职招聘活动、求职意愿和求职培训等情况的调查。

（5）失业登记有效期满仍未就业的，应及时办理续登手续。

（6）已就业的应向所在地的公共就业服务机构办理就业登记。

4. 注销登记

失业登记人员出现下列情形之一的，注销其失业登记：

（1）被用人单位录用的。

（2）从事个体经营或创办企业，并领取工商营业执照的。

（3）已从事有稳定收入的劳动，并且月收入不低于当地最低工资标准的。

（4）已享受基本养老保险待遇的。

（5）完全丧失劳动能力的。

（6）入学、服兵役、移居境外的。

（7）被判刑收监执行或被劳动教养的。

（8）终止就业要求或拒绝公共就业服务的。

（9）连续6个月未与公共就业服务机构联系的。

（10）已进行就业登记的其他人员或各地规定的其他情形。

5. 失业登记地点

没有就业经历的城镇户籍人员在户籍所在地登记；农村进城务工人员和其他非本地户籍人员在常住地稳定就业满6个月的，失业后可以在常住地登记。

二、就业登记的对象、主要内容

就业登记制度是《中华人民共和国就业促进法》规定的就业服务和管理制度之一，也是开展劳动力资源和就业、失业状况调查统计工作的重要措施之一。

1. 就业登记的对象

就业登记的对象是进行了失业登记后，通过各种形式实现就业并取得劳动报酬或生产经营收入的人员。包括被各类用人单位招用建立劳动关系的人员，从事个体经营、自谋职业和灵活就业的人员等。

就业登记目前主要有两种形式：一种是劳动者被用人单位招用的，由用人单位为劳动者办理就业登记。用人单位招用劳动者和与劳动者终止或解除劳动关系，应当到当地公共就业服务机构备案，为劳动者办理就业登记手续。用人单位招用人员后，应当于录用之日起30日内办理登记手续；用人单位与职工终止或者解除劳动关系后，应当于15日内办理登记手续。另一种是进行了失业登记的失业人员从事个体经营、自谋职业和灵活就业后，由本人在街道、乡镇劳动保障工作机构办理就业登记。或由街道、乡镇劳动保障协理员为其办理就业登记手续。

2. 就业登记的主要内容

（1）各类用人单位办理录用备案

用人单位到公共就业服务机构领取招用人员登记表、招用人员花名册，根据实际用工人数分别按要求填写表格，签署意见并盖章；公共就业服务机构审核用人单位提交的招用人员登记表、招用人员花名册，查验失业证、相关的职业资格证书，符合国家就业政策规定，应在其招用人员登记表、招用人员花名册相关栏目签署意见并盖章，同时，根据当地劳动保障部门的规定，收回被录用人员失业证或在失业证“就业登记”栏目填写就业等情况。

（2）从事个体经营、自谋职业和灵活就业的就业登记主要包括劳动者个人的信息、就业的类型、就业时间、就业单位以及参加社会保险状况，并应填写就业人员登记表。没有设立就业人员登记表的，要在失业人员登记表（人力资源登记表）就业再就业情况记录栏内填写就业再就业状况。

能力要求

一、失业登记的基本程序

1. 审核失业登记人员的材料

（1）新成长劳动力人员

没有就业经历的失业人员，持本人身份证、户口簿及毕业（职业资格）证书、档案等有关材料。

（2）就业转失业人员

有就业经历转失业人员，除持本人身份证、户口簿及毕业（职业资格）证书、档案等有关材料外，须持原单位出具的终止或解除劳动关系的证明。

（3）退出现役的军人

提供退出现役的证明，随军家属凭随军批复以及本人身份证、户口簿及毕业（职业资格）证书、档案等有关材料。

（4）残疾人员

除按第（1）（2）项执行外，登记时还需持中华人民共和国残疾证；受劳动保障部门的委托，县（市）区残联劳动就业服务机构可以进行残疾人失业登记。

（5）大中院校毕（结）业生

持本人毕（结）业证、户口簿和身份证、相关技术技能证书，近期免冠照片，到户口所在地街道（乡镇）劳动保障服务机构办理失业登记。

（6）农村劳动者

一些地方对农村劳动者也进行失业登记。在法定劳动年龄内有劳动能力、有转移就业意愿尚未实行转移就业的农村劳动者，持本人学历证书、户口簿和身份证、相关技术技能（职业资格）证书、所在村（社区）有关证明到所在街道、乡镇劳动保障工作机构办理失业登记。

2. 指导填写失业人员登记表（人力资源登记表）

填写失业人员登记表（人力资源登记表）是对失业人员信息采集最基本、最直接的方式，在指导填写时应当按照格式内容如实填写，做到真实、准确、全面、完整。书写规范、字迹工整清晰，表述的内容无歧义。姓名、出生年月、家庭情况等情况与提供的材料一致。

3. 办理失业证明

在街道（乡镇）劳动保障机构办理失业证明主要有两种方式：一种是受劳动保障部门委托，授权街道（乡镇）劳动保障工作机构直接发放失业证明；一种是经街道（乡镇）劳动保障工作机构签署意见后申报，区（县）级劳动保障部门制发失业证明，再由街道（乡镇）劳动保障工作机构发放给个人。

4. 失业登记人员基本信息录入管理系统

在做好失业登记相关材料整理归纳后，要将失业登记的信息在信息管理系统做好相应的记载。录入失业登记的信息要做到真实全面、准确无差错、及时有效、与书面登记内容相一致。同时在失业登记人员实现就业时，及时录入相关信息，实现动态管理服务。

二、就业登记的基本程序

1. 宣传和指导用人单位录用备案

相关法规规定，用人单位招用人员后，应当自录用之日起30日内，到当地公共就业服务机构办理备案，并为被录用人员办理就业登记。各街道、乡镇劳动保障工作机构要做好宣传工作，引导辖区用工单位自觉履行办理录用备案制度。在用工单位办理备案手续提取失业人员档案和提供有关信息时，街道乡镇劳动保障工作机构应及时办理相关就业登记信息记录，并将就业登记人员基本信息录入信息管理系统。通过街道、乡镇劳动保障工作机构职业介绍被用工单位录用的，用工单位应依法进行录用备案。

2. 其他方式就业登记

主要是指已进行失业登记的人员，从事个体经营、自谋职业和灵活就业后办理就业登记。主要有三种方式：一是申报就业登记。从事个体经营，自谋职业和灵活就业人员在享受就业再就业优惠政策，所在街道、乡镇、社区出具相关证明时，个人向街道、乡镇劳动保障工作机构申报就业进行就业登记。二是调查登记。在进行劳动力资源摸底调查、入户调查以及走访、回访中对个体经营、自谋职业和灵活就业人员进行就业登记。三是直接登记，通过街道、乡镇、社区安排组织生产自救、早市夜市摆摊经营、公益性岗位、家政服务等形式就业的，要由街道、乡镇、社区劳动保障协理员直接办理就业登记。

进行其他方式就业登记，主要做好三个环节的工作：

第一，指导填写就业人员登记表。没有设立就业人员登记表的，要在失业人员登记表（人力资源登记表）就业再就业情况记录栏内填写就业再就业状况。办理了就业失业登记证的应在登记证上予以记录。

第二，办理就业登记记录。需要注明是个体经营、自谋职业还是灵活就业以及时间、地点、基本收入、参加社保状况、享受优惠政策情况。

第三，就业登记人员基本信息录入信息管理系统。

学习单元 2　就业优惠有关凭证的发放

学习目标

1. 了解就业优惠凭证发放对象范围。
2. 掌握就业优惠凭证申请发放程序。
3. 能够受理、办理就业优惠凭证的发放工作。

知识要求

一、主要就业优惠凭证的种类与对象范围

在我国，享受就业扶持政策需要凭有关证明享受。不同时期对不同人员，要求的凭证也有所不同，如 2002—2008 年，符合条件的下岗失业人员可凭再就业优惠证享受优惠政策。残疾人享受就业扶持政策需凭残疾证。根据就业服务与就业管理的规定，各省实施统一的就业失业登记证制度，有关人员可凭就业失业登记证享受优惠政策。

1. 再就业优惠证发放的对象范围

（1）国有企业下岗失业人员。即协议期满但未与原企业解除劳动关系，且仍未再就业的国有企业下岗职工，和领取失业保险金期间、尚未再就业的原国有企业的失业人员。

（2）国有企业关闭破产需要安置的人员。即已按全国企业兼并破产计划关闭破产的企业中，领取一次性安置费且仍未再就业的人员。

（3）国有企业所办集体企业（以下简称厂办大集体企业）下岗职工。

厂办大集体企业是指20世纪七八十年代，由国有企业批准或资助兴办的，以安置回城知识青年和国有企业职工子女就业为目的，主要向主办国有企业提供配套产品或劳务服务，在工商行政机关登记注册为集体所有制的企业。厂办大集体企业下岗职工包括在国有企业混岗工作的集体企业下岗职工。对特别困难的厂办大集体企业关闭或依法破产需要安置的人员，有条件的地区也可纳入范围，具体办法由省级人民政府制定。

（4）正在享受城市居民最低生活保障待遇且登记失业1年以上的城镇其他登记失业人员。

（5）其他人员。各地可根据本地实际，在不涉及税收政策、不影响中央非税收收入、不增加中央财政补助的前提下，运用地方财政资金，制定有利于本地扩大城乡就业的其他政策。因此，各地还可向城镇其他集体企业下岗职工、厂办大集体企业失业人员等人员发放再就业优惠证，将政策（不含税收政策）的适用范围扩大到这些人员。在不同的地区再就业优惠证的发放范围也会有所不同。

2. 就业失业登记证

在法定劳动年龄内，有劳动能力和就业要求的失业人员，在公共就业服务机构进行失业登记的，应当办理就业失业登记证。按《国务院关于做好促进就业工作的通知》（国发［2008］5号）规定要求：

（1）各省、自治区、直辖市在本行政区域内实行统一的就业失业登记证（简称登记证），向劳动者免费发放。

（2）登记失业人员凭登记证在核发证件的省（区、市）内享受公共就业服务和就业扶持政策。对就业困难人员在登记证上予以注明。

二、就业优惠凭证的发放程序

1. 再就业优惠证的申请发放程序

再就业优惠证按照“个人申请、逐级审核、张榜公示、统一办理”的原则申领发放。

（1）申请

准备再就业的下岗失业人员，持本人身份证明、劳动保障部门确认的下岗失业凭证和社区居委会出具的证明等相关材料，向街道、乡镇劳动保障工作机构提出申请，并填写相关申领登记表。未设立街道、乡镇劳动保障工作机构和社区居委会的独立工矿区，经由劳动保障部门委托，其下岗失业人员可通过企业向县级以上劳动保障部门申请。中央管理企业下岗失业人员按照属地管理原则，在当地申领再就业优惠证。

（2）审核

收到下岗失业人员的申请材料后，街道、乡镇劳动保障工作机构在规定的工作日内完成审核，主要核实其下岗、失业身份、就业失业状况、未再就业原因、下岗失业期限以及享受失业保险、城市居民最低生活保障待遇等情况，经申请对象所在社区张榜公示后，如无异议，即签署意见。对不符合领证条件的，应通知申请人并说明理由。街道、乡镇劳动保障工作机构对再就业优惠证申领情况要逐一登记，建立台账。

（3）发放

街道、乡镇劳动保障工作机构签署意见后，将材料上报县级以上劳动保障部门审批。县以上劳动保障部门根据街道、乡镇劳动保障工作机构上报的材料在规定的工作日内进行复审认定工作，办结审批手续，对经认定符合条件者，及时发放再就业优惠证。对不予办理的，应向申请人说明理由。对领取再就业优惠证的人员情况要进行登记注册，实行计算机管理。

2. 就业失业登记证的发放程序

《国务院关于做好促进就业工作的通知》（国发［2008］5 号）规定，就业失业登记证具体发放程序和登记证的样式，由各省、自治区、直辖市制定。

三、切实做好就业优惠凭证的管理

再就业优惠证、就业失业登记证都采用实名制，限持证者本人使用。下岗失业人员享受政策实现再就业后，政策执行部门要及时在再就业优惠证上进行标注。下岗失业人员从事个体经营的，再就业优惠证由本人保管；被用人单位录用的，享受扶持政策期间，再就业优惠证由用人单位保管。对达到法定退休年龄或已办理提前退休手续的，再就业优惠证自行作废，并由有关部门负责收回。就业失业登记证的管理办法由各省、自治区、直辖市制定。

能力要求

受理申请和办理就业优惠凭证

1. 接待

热情接待申请办理就业优惠凭证的人员，说明政策规定和申领程序，给予相关指导服务。

2. 资格初审

对申领人的情况进行登记，指导其填写相关登记表，收齐所需相关证明和材料，审核无误后，确定申请人是否符合规定的条件。

3. 上报申请

在规定的工作日内完成初审后，对认定符合条件的，在申请办理就业优惠凭证审批表（登记表）相关栏目签署意见（盖章）或出具证明，按规定上报上级公共就业服务机构审核审批。凡不符合条件的一律不能办理，但要给予解释说明。需补充材料的要及时反馈意见给申领人。

4. 建立台账

上级公共就业服务机构审批发放相关证件后，要及时通知申请人或送达申请人，并请申请人签字确认收到。同时，在相关台账中做好记录，将发放信息录入信息管理系统。

学习单元3　受理个人小额担保贷款申请

学习目标

1. 了解小额担保贷款申请对象范围、申请发放程序。
2. 能够指导和受理小额担保贷款申请。

知识要求

一、个人小额担保贷款的政策对象范围

根据中国人民银行、财政部、人力资源和社会保障部关合出台的《关于进一步改进小额担保贷款管理积极推动创业促就业的通知》（银行［2008］238号）（以下简称《通知》）的规定，在国务院《关于进一步加强就业再就业工作的通知》（国发［2005］36号）等文件已经明确的持再就业优惠证人员、城镇复员转业退役军人、城镇其他登记失业人员以及自愿到西部地区及县级以下的基层创业的高校毕业生等借款人范围的基础上，进一步扩大小额担保贷款借款人的范围，今后凡符合规定条件的城镇登记失业人员、就业困难人员均可按规定程序向经办金融机构申请小额担

保贷款。小额担保贷款借款人的具体条件，由各省（自治区、直辖市）制定。小额担保贷款借款人的具体范围：

1. 由中央财政提供贴息和担保资金支持的小额担保贷款借款人

主要包括六类人群：一是持有再就业优惠证的下岗失业人员。二是享受城市居民最低生活保障且失业 1 年以上的城镇其他登记失业人员。三是城镇复转军人。四是符合条件的华侨农场人员。五是自愿到西部地区及县级以下的基层创业的高校毕业生。六是持有劳动保障部门核发的失业登记有效证明的城镇其他登记失业人员。上述小额担保贷款借款人由中央财政提供贴息和担保资金支持。

2. 由地方财政提供贷款贴息和担保资金支持的小额担保贷款借款人

各级地方政府也可根据实际情况，在上述中央财政提供贴息和担保资金支持的小额担保贷款借款人的基础上，将借款人范围进一步扩大到符合条件的其他城镇登记失业人员、就业困难人员等人员，由地方财政提供贷款贴息和担保资金支持。各地的具体范围和具体条件会有所不同。

《通知》发布以后，包括上述由中央和地方各级财政提供贷款贴息和担保资金支持的借款人在内，凡符合各省、自治区、直辖市规定条件的城镇登记失业人员和就业困难人员，都可以按规定程序向经办金融机构申请小额担保贷款。这里所说的就业困难人员一般指大龄、身有残疾、享受最低生活保障、连续失业 1 年以上以及因失去土地等原因难以实现就业的人员。城镇登记失业人员和就业困难人员的具体范围和认定条件由各省、自治区、直辖市规定。

二、贷款额度和期限

个人小额担保贷款额度由 2005 年时规定的一般掌握在 2 万元，增加到 2008 年新政策规定的最高额度为 5 万元。期限最长不超过 2 年，到期确需延长的，可展期 1 次，展期期限不能超过一年。对合伙经营和组织起来就业的，可根据人数和经营项目扩大贷款规模。

三、贷款用途

借款人应将贷款用于自谋职业、自主创业或合伙经营和组织起来就业的开办经费和流动资金。

四、贷款贴息和项目范围

贷款贴息根据对象的不同分为全额贴息和半额贴息。根据国发［2005］36 号文件规定，对持再就业优惠证人员和城镇复员转业退役军人从事个体经营或合伙经营和组织起来就业申请小额担保贷款从事微利项目的，由中央财政据实全额贴息（展期不贴息）。对其他城镇登记失业人员申请小额担保贷款并从事微利项目的，由财政给予 50%的贴息。具体微利项目由各地结合实际确定，报财政部、中国人民银行、人力资源和社会保障部备案。另外，为引导和鼓励高校毕业生面向基层就业，对自愿到西部地区及县级以下的基层创业的高校毕业生，其自筹资金不足时，也可向当地经办银行申请小额担保贷款。对从事微利项目的，贷款利息由财政承担 50%（中央财政和地方财政各承担 25%），展期不贴息。

根据《关于进一步改进小额担保贷款管理积极推动创业促就业的通知》（银发［2008］238 号）（以下简称《通知》）的规定，自 2008 年 1 月 1 日起，对申请小额担保贷款从事微利项目的，中央财政给予贴息。具体贴息比例和办法，由财政部会同有关部门制定。小额担保贷款经办金融机构（以下简称经办金融机构）对个人新发放的小额担保贷款，其贷款利率可在中国人民银行公布的贷款基准利率的基础上上浮 3 个百分点。其中，微利项目增加的利息由中央财政全额负担；所有小额担保贷款在贷款合同有效期内如遇基准利率调整，均按贷款合同签订日约定的贷款利率执行。《通知》发布之日以前已经发放、尚未还清的贷款，继续按原贷款合同约定的贷款利率执行。

五、个人小额担保贷款的申请、发放程序

1. 申请小额担保贷款需提交的基本材料

（1）持再就业优惠证人员需提供再就业优惠证原件及复印件，复员转业退役军人需提供军人退出现役有效证件原件及复印件，失业登记的高校毕业生需持毕业证书原件及复印件，登记失业人员需持相应的有效失业证明，就业困难人员需持相应的证明。

（2）贷款申请书。

（3）申请人户口簿、身份证原件及复印件。

（4）贷款项目计划书。

（5）工商部门登记注册的营业执照或其他行政部门颁发的许可证明及复印件。

（6）其他资料。

2. 申请发放程序

（1）贷款申请与推荐

凡申请小额担保贷款的人员，需持相关材料，向本人居住的社区居委会提出申

请，并填写小额担保贷款申请审批表，经街道、乡镇劳动保障工作机构初审后，向县以上劳动保障部门推荐。

(2) 贷款资格审查

县以上劳动保障部门根据街道、乡镇劳动保障工作机构的推荐意见，按规定对贷款申请人进行资格审查。

(3) 项目评审

县以上劳动保障部门对借款人进行贷款资格审查确认后，要组织有关人员对其就业项目进行项目评审。评审确认后，在小额担保贷款申请审批表上签署意见，并提供对该就业项目认可的小额担保贷款项目评审意见书。将申请人材料及同意贷款的意见书送担保机构，担保机构对认定给予贷款担保的，通过评审委员会审核后出具不可撤消担保书，办理贷款担保手续。

(4) 贷款发放

借款人凭上述手续和资料到商业银行申请小额担保贷款，各商业银行自收到贷款申请之日起，在规定时间内办理贷款调查、审查、审批手续，符合贷款条件的，及时发放贷款。

能力要求

受理申请和办理小额担保贷款的有关手续

1. 一次性告知有关程序

社区受理小额担保贷款的申请。热情接待来社区申请小额担保贷款的人员，为其说明政策适用范围、对象，条件和申领程序，提交的证明、材料。

2. 指导申请人填写小额担保贷款申请书（审批表）

申请书基本内容包括申请人姓名、身份证号码、就业扶持政策凭证号码、本人户口所在地证明、本人常住地址、联系方式、举办项目的名称、拟贷款数额、还款期限等，并对贷款项目进行简单介绍。要保证申请书填写的内容、格式等符合要求。

3. 核定申请人申请材料真实、准确

接到小额担保贷款申请后，劳动保障协理员要对申请人的身份进行审查，确保其符合申请条件。对申请人的家庭经济状况、资信状况等信息资料进行核查，对创业项目进行初审，对上报的有关材料复印件和原件进行核对。审核贷款人员资料的合法性，同时收集身份证复印件（有效期内）、户口本（主页、附加页）复印件、营业执照副本复印件、享受就业扶持政策凭证复印件、小额贷款申请书等资料。

4. 签署意见或出具证明

对经营地点、经营状况、个人信誉等进行考评。经营地点要真实，与营业执照等相关证件载明的地址统一；对经营状况要了解其经营项目、月营业额、月纯收入、本人经营能力及贷款用途等；对个人信誉的考核，要在平时掌握的借款人基本资料、其家庭成员的工作收入情况及周围经营业户、邻居的评价等的基础上建立个人信用档案的基础信息。必要时，还可以向当地公安机关了解有关违法纪录。考评后，在小额担保贷款信誉推荐书上签写考评意见。经负责人、经办人签字后加盖公章。

5. 进行登记，录入信息管理系统

在小额贷款申请审批表上签注推荐意见，建立管理台账，并登记在册。

6. 按程序向上一级管理机构申报

将签署意见的相关申请资料按程序向上一级劳动保障工作机构申报。

7. 及时向申请人员反馈结果

对未批准小额担保贷款的要给予解释说明，需补交材料的要及时反馈意见给申请人。对符合条件批准的，也要及时通知申请人办理后续的手续。

8. 跟踪管理

经批准发放小额担保贷款后，配合建立回访制度。在贷款期间，及时了解借款人员的经营情况及用款情况，填写担保贷款回访调查表。回访调查表的内容包括贷款人姓名、贷款时间、贷款金额、联系方式、常住地址、经营项目、利息是否按期归还，若造成逾期写明逾期的次数，最后对贷款使用情况进行总结。

督促借款人员到期还款。贷款到期前提前与借款人员联系，落实资金到位情况。

学习单元4　灵活就业人员社会保险补贴政策手续办理

学习目标

1. 了解灵活就业人员社会保险补贴政策对象范围。
2. 掌握灵活就业人员社会保险补贴标准、工作程序。
3. 能够受理、办理灵活就业人员社会保险补贴。

知识要求

一、灵活就业人员的界定

灵活就业人员是指以灵活形式从业的人员。即从事非全日制、临时性、季节性和弹性工作等，没有固定劳动关系或不便于建立劳动关系的从业人员。比如，从事钟点工、家政服务等工作的；街道、社区组织的就业困难人员等生产自救的；在早市、夜市摆摊经营的；从事家庭手工业的；其他灵活就业方式的人员。从事个体经营的是否也可享受灵活就业人员社保补贴各地规定不一样。

二、灵活就业人员社会保险补贴政策对象范围

1. 有关人员灵活就业后，申报就业并参加社会保险的，给予一定数额的社会保险补贴。补贴期限最长不超过 3 年。

2.《国务院关于做好促进就业工作的通知》（国发［2008］5 号）要求，对就业困难人员灵活就业后申报就业并缴纳社会保险费的，给予一定数额的社会保险补贴。社会保险补贴和岗位补贴期限，除对距法定退休年龄不足 5 年的人员可延长至退休外，其余人员最长不超过 3 年。

三、补贴标准

对灵活就业人员社会保险补贴的标准按其实际缴费额的一定比例计算。具体补贴标准由省级财政、劳动保障部门确定。

四、灵活就业人员社会保险补贴的工作程序

1. 向街道、乡镇劳动保障机构申报就业。

2. 凭再就业优惠证、就业失业登记证、社会保险缴费凭证等相关资料，向街道、乡镇劳动保障机构提出社会保险补贴申请。

3. 街道、乡镇劳动保障机构核实灵活就业人员的就业情况，出具灵活就业证明，并为其向当地县级以上劳动保障部门申请社会保险补贴。社会保险补贴资金申请报告应附申请人居民身份证复印件、再就业优惠证复印件、就业困难人员的认定证明材料、街道、乡镇劳动保障工作机构出具的灵活就业证明或个体营业执照复印件等相关就业证明、社会保险征缴经办机构出具的上季度社会保险费缴费单据等凭证。

4. 经县、区劳动保障部门审核、财政部门复核后，将补贴资金直接支付给申请者本人。

能力要求

办理灵活就业人员社保补贴申请程序

1. 一次性告知申报灵活就业的政策规定要求

街道、乡镇劳动保障工作机构受理申报灵活就业社保补贴的申请。热情接待来申请灵活就业社保补贴的人员，为其说明政策适用范围、对象、条件、申领程序、提交的证明和材料。

2. 指导填写灵活就业人员社会保险补贴登记表（审批表）

指导申请人填写灵活就业人员社会保险补贴登记表（审批表）。申请表基本内容包括申请人姓名、出生年月日、身份证号码、再就业优惠证号码、本人户口所在地、本人常住地址、联系方式、就业类别、缴纳社会保险的险种。

3. 核定申报材料真实、准确

接到灵活就业人员社会保险补贴申请后，劳动保障协理员要对申请人的身份进行审查，对申请人的信息资料进行核查、初审，对上报的有关材料复印件和原件进行核对。审核申报人资料的合法性，同时收集包括身份证复印件（有效期内）、户口本（主页、附加页）复印件、社会保险缴费凭证复印件、再就业优惠证复印件、就业困难人员证明复印件、灵活就业人员社会保险补贴登记表（审批表）、个体营业执照复印件等资料。

4. 签署意见或出具证明

对灵活就业人员就业地点、就业状况进行考评，确定与本人申报情况和相关证件载明的情况一致。对灵活就业人员缴纳社会保险情况进行考核，应上网核查缴费险种、月数、金额。在考评的基础上，做出是否属于灵活就业的认定，在灵活就业人员社会保险补贴登记表（审批表）相关栏目上签写考评意见。街道、乡镇劳动保障工作机构负责人、经办人签字后加盖公章。

5. 进行登记

录入信息管理系统并登记在册。

6. 按程序向上级机构申报

上报县（区）劳动保障部门审批。

7. 及时向申请人员反馈结果

对不符合条件的要给予解释说明，需补交材料的要及时反馈意见给申请人。经审批给予社会保险补贴的，按规定发放给个人并建立发放台账。

第 2 节 承办、协办社会保险具体事务

学习单元 1 社会保险经办业务程序

学习目标

1. 了解社会保险经办业务操作环节。
2. 熟悉社会保险各险种业务操作程序。
3. 了解社会保险经办工作的主体。
4. 了解社会保险关系如何建立、转移、接续及终止。

知识要求

一、社会保险经办工作的主体

社会保险经办工作的主体是依法履行社会保险义务和依法享有社会保险权利的自然人和组织及依法履行社会保险管理职责的机构。目前，我国社会保险经办工作主体有：

1. 用人单位，指城镇各类企业、机关事业单位、社会团体、雇用员工的城镇经济组织。

2. 劳动者，指所有参加社会保险的企业职工、机关事业单位工作人员、城镇个体劳动者、自由职业者和灵活就业人员。

3. 社会保险经办机构，指依法或受政府行政部门委托经办社会保险业务的社会保险经办机构。

二、社会保险关系

1. 社会保险关系的建立

社会保险登记是用人单位、职工个人与社会保险经办机构建立社会保险关系的标志。凡依法参加社会保险的用人单位应在设立之日起1个月内，出示本单位的营业执照、批准成立证件或其他核准执业证件和企业法人、机关法人或事业法人证书，以及省、自治区、直辖市社会保险经办机构规定需要提供的其他有关证件、资料，同时如实填写社会保险登记表，到工商执照注册地或机关事业单位、社会团体住所所在地的区县社会保险经办机构办理社会保险登记。用人单位填报的社会保险登记表、提供的证件和资料符合有关规定的，社会保险经办机构对其予以登记并发给社会保险登记证。

2. 社会保险关系的转移和接续

社会保险关系的转移包括两个方面：一是用人单位社会保险关系的转移。用人单位成建制跨统筹地区转移，单位注册地也随之转移。此时，用人单位应向转出地社会保险经办机构提出申请，由经办机构审核后开具转移证明，注明职工人数、参加社会保险有关情况等，由转入地社会保险经办机构负责接续其社会保险关系。二是个人社会保险关系的转移。职工在职期间，个人跨统筹地区调动工作的，由调出地社会保险经办机构出具转移证明，填写参加社会保险人员转移情况表；调入地社会保险经办机构应根据调出地提供的参加社会保险人员转移情况表和职工社会保险个人账户等资料为职工接续社会保险关系。

3. 社会保险关系的终止

缴费单位发生解散、破产、撤销、合并及其他情形，停止履行社会保险缴费义务时，应及时向社会保险登记机构申请办理注销社会保险登记，同时终止该单位与社会保险经办机构的社会保险关系。

对劳动者个人来说，死亡或一次性领取有关待遇后或者出国定居，社会保险关系即行终止。例如，职工移居国外，职工所在单位应停止为其缴纳社会保险费，并及时为其办理终止社会保险关系的手续。

三、社会保险经办工作环节

1. 缴费核定环节

• 建立参加社会保险的单位和职工个人的基本资料档案，作为缴费核定的依据。

• 核定单位和职工的缴费工资与缴费金额。

• 负责单位与职工变更后相关业务处理及未参加社会保险的单位和职工的催办工作。

• 对单位和职工各类报表项目进行复核。

• 制订年度社会保险费征集计划。

2. 费用征集环节

• 依据缴费核定环节提供的单位开户银行、账号、账户名称及应征集数额，办理社会保险费托收业务，同时定期向机构内有关部门反馈征集信息。

• 接待来社会保险基金经办机构缴费的单位，办理收款手续并登记。

• 办理单位缓缴手续及向缓缴期满和未按时足额缴纳社会保险费的单位催收社会保险费业务。

• 负责向本机构领导及有关部门提供单位缴费情况，提出加强社会保险费征集工作的建议。

3. 费用记录处理环节

• 根据有关基础资料，建立健全各项基金管理台账和职工养老保险及其医疗保险个人账户。

• 根据社会保险费征集与分配到账情况，登记职工个人账户，按规定的记账利率计算和登记职工个人账户利息，并负责个人账户变更处理。

• 对单位各类社会保险报表进行统计汇总、分析。

• 定期公布单位缴费情况和职工个人账户情况。

4. 待遇核定环节

• 建立离退休（职）人员、企业工伤职工、育龄女职工生育等情况档案；建立死亡离退休（职）人员和工伤与非工伤职工遗属档案。

• 审核职工养老保险、医疗保险、工伤保险和生育保险待遇；对离退休（职）人员、工伤职工及其遗属津贴、一次性待遇予以认定并按规定进行调整。

• 对上述各项待遇进行复核。

5. 待遇支付环节

• 填制社会保险待遇支付花名册并确定各项待遇的支付方式。

• 填制社会保险待遇拨付通知单，办理社会保险待遇支付手续并登记。

• 协调待遇支付单位间的业务关系。

• 对各项社会保险待遇落实情况进行跟踪调查与监督。

6. 基金会计核算及财务管理环节

• 负责对各项社会保险费的收支进行审核及其会计核算。

• 定期与银行对账并对实际到账金额予以认定，将对账信息及时通知有关部门。

• 对各环节社会保险费收支记录予以核对和检查，汇总登记基金账簿。

• 审核、登记、管理各种结算凭证。

• 办理基金的存储及有价证券认购等事宜。

• 编制各项基金的年度预决算草案及报告期会计报表。

能力要求

社会保险业务操作程序

1. 社会保险登记程序

(1) 用人单位社会保险登记

需填报社会保险登记表和参加基本养老保险人员情况表，并提供以下证件和资料：

• 营业执照、批准成立证件或其他核准执业证件。

• 组织机构统一代码证书。

• 成建制转入的，还需提供转出地社保机构开具的基本养老保险关系转移介绍信和单位及职工的参保信息。

省、自治区、直辖市社保机构规定的其他证件和资料。

(2) 个体人员社会保险登记

需填报参加基本养老保险人员情况表，并提供以下证件和资料：

• 身份证件。

• 户口簿。

• 登记前曾在其他统筹地区参保的，还应提供原参保所在地社保机构开具的基本养老保险关系转移表。

• 与单位解除劳动关系的，应提供相关证明。

• 省、自治区、直辖市社保机构规定的其他相关资料。

(3) 登记管理环节审核参保单位或个人参保人员填报的有关表格是否准确无误，相关证件和资料是否真实齐全。审核通过的，为其确定社会保险登记证编码，建立社会保险登记档案和参保人员基本信息。向用人单位核发社会保险登记证，向个人参保人员核发参保证明。

2. 基本养老保险业务规程

（1）基本养老保险费征缴程序

1）申报受理。参保单位按月填报基本养老保险缴费人员增减明细表、基本养老保险费缴费申报核定表、基本养老保险费代扣代缴明细表，并提供劳动工资统计年报表或劳动工资统计月报表；职工工资收入统计台账等有关资料。

个体参保人员申报缴费时，要填报个人缴纳基本养老保险费申报核定表，并提供身份证件等证明。

2）缴费核定。根据参保单位缴费人数增减变化或个体参保人员的缴费申报情况，核定其当期缴费基数和应征数额，将核定的基本养老保险缴费申报核定表或个人缴纳基本养老保险费申报核定表反馈申报单位或个人。

3）费用征收。社保机构征收地区，采取委托收款方式的，征缴环节开具委托收款书，交财务管理环节送“收入户存款”开户银行；其他方式缴费的，财务管理环节按不同缴款类型实施收款，并开具收款凭证。税务征收地区，征缴环节按月将基本养老保险费核定汇总表等有关资料传送给税务机关，作为其征收依据。税务机关收款后，每月在规定时间内向社保机构反馈到账信息，传送基本养老保险费实缴清册及相关收款凭证。

（2）养老保险待遇审核程序

1）办理离退休（职）待遇审核手续时，申请人应填写基本养老保险待遇审核申请表，并提供以下证件和资料：

• 身份证件。

• 户口簿。

• 参保人员档案。

• 申请提前退休的人员，还需提供其他有关资料。

• 省、自治区、直辖市社保机构规定的其他有关证件和资料。

离退休（职）人员对基本养老金待遇金额有异议，可向社会保险经办机构提出重核申请，社会保险经办机构应将重核结果通知参保单位（或街道劳动保障事务所）或个人。

2）一次性待遇审核。申领人提出申领一次性待遇申请时，应提供以下相关证件和资料：

• 身份证件。

• 出国（境）定居的，提供出国（境）证明及户口注销证明。

• 死亡的，提供医院或派出所等部门开具的死亡证明。

• 省、自治区、直辖市社保机构规定的其他有关证件和资料。

3）供养直系亲属待遇审核。离退休人员死亡后，其遗属申请领取丧葬补助费、抚恤费和供养直系亲属生活补助费时，要填报供养直系亲属待遇核定表，并提供以下证件和资料：

• 离退休人员死亡证明。

• 供养直系亲属身份证件与死者关系证明。

• 供养直系亲属经济收入情况。

• 省、自治区、直辖市社保机构规定的其他有关证件、资料。

（3）养老保险待遇支付程序

1）离退休（职）人员待遇支付。离退休（职）人员待遇审核完毕后，由社会保险经办机构生成养老金发放数据，并在规定的时间内将发放数据传送银行、邮局等社会化发放机构。由社会化发放机构及时为离退休（职）人员办理基本养老金活期储蓄账户和专用存折，并在规定的时间内将养老金存折发放给离退休人员，离退休（职）人员便可到银行等社会化发放机构领取养老金。

2）一次性待遇支付和供养直系亲属待遇支付。社会保险经办机构在核准一次性待遇支付和供养直系亲属待遇支付后，生成一次性待遇支付信息和供养直系亲属待遇支付信息，并将一次性待遇和供养直系亲属待遇发放给指定受益人。

3. 基本医疗保险业务规程

（1）基本医疗保险费征缴程序

根据上年度基本医疗保险缴费情况以及统筹基金和个人账户的支出情况，制定本年度的基本医疗保险费征集计划。

依据核定的基本医疗保险费数额，开具委托收款及其他结算凭证，通过基本医疗保险基金收入户征集基本医疗保险费，或者由社会保险经办机构直接征集。

及时整理汇总基本医疗保险费收缴情况，对已办理申报手续但未及时、足额缴纳基本医疗保险费的单位（或个人），经办机构要及时向其发出社会保险费催缴通知书；对拒不执行者，将有关情况及时上报劳动保障行政部门，由其下达《劳动保障限期改正指令书》；逾期不缴纳者，除责其补缴欠缴数额外，从欠缴之日起，按日加收 2‰的滞纳金。

（2）费用记录处理程序

根据缴费单位和个人的基础档案资料及时建立基础档案库及个人账户。

根据费用征集环节提供的数据，对单位和个人的缴费情况进行记录，及时建立并记录个人账户。个人缴纳的保险费计入个人账户；单位缴纳的保险费按规定分别计入个人账户和统筹基金。

向缴费单位和个人提供缴费情况及个人账户记录情况的查询服务。对缴费记录中出现的差错，要及时向相关业务管理环节核实后予以纠正。

缴费年度初应向社会公布上一年度参保单位的缴费情况；每年至少向缴费单位或个人发送一次个人账户通知单，内容包括个人账户的划入、支出及结存等情况；每半年应向社会公布一次保险费征收情况和统筹基金支出情况，以接受社会监督。

（3）医疗保险待遇审核程序

按照有关规定确定定点医疗机构和定点零售药店，并与之签订服务协议，发放定点标牌。

向缴费单位和个人发放定点医疗机构选择登记表，并组织、指导其填报。根据参保人员的选择意向、定点医疗机构的服务能力及区域分布，进行统筹规划，为参保人员确定定点医疗机构。

指导缴费单位的基本医疗保险专管员（或缴费个人）填写基本医疗保险待遇审批表，按规定进行审核，并向参保人员发放基本医疗保险证（卡），同时将相关信息及时提供给定点医疗机构和定点零售药店。

及时掌握参保人员的缴费情况及医疗保险费用支出的相关信息。对欠缴基本医疗保险费的单位（或个人），从次月起暂停由社会统筹基金向参保人员支付待遇。

接受定点医疗机构、定点零售药店的费用申报以及参保人员因急诊、经批准的转诊转院等特殊情况而发生的费用申报，按有关规定进行审核。核准后向待遇支付环节传送核准通知，对未被核准者发送拒付通知。

（4）基本医疗保险待遇支付程序

确认缴费单位或个人享受基本医疗保险待遇的资料，编制人员名册与台账或数据库。

研究确定基本医疗保险待遇的支付方式以及与定点医疗机构、定点零售药店的结算方式和结算时间。

按协议规定的时间与定点医疗机构和定点零售药店进行结算，及时拨付结算款。

根据有关规定，核退个人垫付的应由基本医疗保险统筹基金支付的款项；为跨统筹地区流动的参保人员转移个人账户余额；向参保人员继承人支付个人账户结余款。

4. 工伤保险业务规程

（1）工伤保险费征缴程序

1）申报受理。参保单位填报《工伤保险缴费申报核定表》，并提供以下资料：

• 劳动工资统计月（年）报表。

• 工资发放明细表。

• 参加工伤保险人员增减明细表。

• 社保机构规定的其他资料。

2）缴费核定。社保机构征缴部门审核参保单位填报的缴费申报核定表格及有关资料。审核通过后，办理参保人员核定或增减手续。

社保机构征缴部门根据缴费申报和核定情况，为新增参保人员及时记录参保时间、当期缴费工资等信息。社保机构征缴部门根据参保单位申报情况核定当期缴费基数。

社保机构征缴部门依据统筹地区分类行业基准费率的具体标准，确定参保单位的初次缴费费率，以后根据用人单位工伤保险费使用、工伤发生率、职业病危害程度等因素，确定参保单位年度缴费费率。

社保机构征缴部门根据核定的参保单位当期缴费基数、缴费费率计算应缴数额，并将核定的工伤保险缴费申报核定表反馈申报单位。

3）费用征收。社保机构征收地区，采取委托收款方式的，通过“收入户存款”开户银行收费，也可采取支票、现金、电汇、本票等方式收费，并开具专用收款凭证。税务代征的地区，社保机构按月将工伤保险缴费核定汇总表及工伤保险缴费核定明细表传送给税务机关，作为其征收依据。税务机关收款后，每月在规定时间内向社保机构反馈到账信息，传送工伤保险费实缴清单及相关收款凭证，社保机构财务管理部门做入账处理。

（2）工伤保险待遇审核程序

1）待遇资格审核与验证。申请工伤保险待遇人应填写工伤保险待遇申领表，并提供以下证件和资料：

• 居民身份证或户口簿。

• 工伤认定结论。

• 工亡职工供养亲属身份及供养关系公证材料或其他证明材料等。

• 省、自治区、直辖市社保机构规定的其他证件或资料。

• 审核通过后，社保机构待遇审核部门在工伤保险待遇申领表上填写审核意见，并及时记录有关信息，形成享受工伤保险待遇人员信息库，将审核意见告知申请人。

2）医疗（康复）待遇审核。工伤职工在门诊、急诊及外埠就医发生的医疗费用、工伤认定前的医疗费用由参保单位垫付，待接到工伤认定决定书后，到社保机构按规定办理审核手续。申请医疗（康复）人应填写工伤职工医疗（康复）费用核定表，并提供以下资料：

• 已通过资格核定的工伤保险待遇申领表。

• 工伤职工的医疗（康复）票据、费用清单。

• 医疗诊断证明书。

• 经同意的工伤职工转诊转院申请表。

• 省、自治区、直辖市社保机构规定的其他资料。

3）辅助器具费用审核。申请安装、配置（更换）辅助器具时，应提供以下资料：

• 已通过资格核定的工伤保险待遇申领表。

• 劳动能力鉴定结论。

• 经同意的工伤职工辅助器具配置申请表。

• 省、自治区、直辖市社保机构规定的其他资料。

社保机构待遇审核部门按规定标准计算申请人的辅助器具安装、配置（更换）金额，在工伤保险待遇申领表上填写审核意见和核定金额，并及时记录有关信息，转社保机构待遇支付部门，将核定结果告知申请人。

4）伤残待遇审核。社保机构待遇审核部门受理工伤职工伤残待遇申请，并审核以下资料：

• 已通过资格核定的工伤保险待遇申领表。

• 劳动能力鉴定结论。

• 省、自治区、直辖市社保机构规定的其他资料。

• 审核通过后，社保机构待遇审核部门按照规定计算工伤职工的一次性伤残补助金、伤残津贴和生活护理费数额，在工伤保险待遇申领表上填写审核意见和核定金额，并及时记录有关信息，转社保机构待遇支付部门，将核定结果告知申请人。

5）工亡待遇审核。职工因工死亡，社保机构待遇审核部门受理工亡待遇申请，并审核以下资料：

• 工伤认定结论。

• 省、自治区、直辖市社保机构规定的其他资料。

•社保机构待遇审核部门按规定计算工亡职工的一次性工亡补助金、丧葬补助金，计算每一位供养亲属享受的抚恤金数额，在工伤保险待遇申领表上填写审核意见和核定金额，并及时记录有关信息，转社保机构待遇支付部门，同时发给供养亲属资格证明，将核定结果告知申请人。

6）待遇调整审核。工伤职工达到退休年龄、被收监执行、死亡的，供养亲属丧失或暂时丧失供养条件的，用人单位、工伤职工或其亲属应及时向社保机构报告并提供相应证明，社保机构待遇审核部门应及时核对相关信息，停止其工伤保险待遇。

工伤职工劳动能力鉴定结论发生变化或服刑完毕的，应重新填写工伤保险待遇申领表并提交劳动能力鉴定结论或服刑完毕证明。劳动能力鉴定结论发生变化的，在工伤保险待遇申领表备注栏写明原劳动能力鉴定结论变更时间、原鉴定结论及鉴定时间；服刑完毕的，在工伤保险待遇申领表备注栏写明收监日期、服刑完毕日期。

社保机构待遇审核部门应根据用人单位、工伤职工或其亲属提供的材料，核对相关信息，调整或恢复其工伤保险待遇。

（3）工伤保险待遇支付程序

待遇支付部门依据待遇审核部门提供的信息支付费用。伤残津贴、生活护理费从完成劳动能力鉴定的次月开始计发，供养亲属抚恤金从工伤职工死亡的次月开始计发。

社保机构待遇支付部门依据待遇审核部门核定的结果支付参保单位垫付的费用和协议医疗（康复）机构的医疗（康复）费。

社保机构待遇支付部门依据待遇审核部门核定的相关项目、金额，及时支付给工伤职工或工亡职工供养亲属。

社保机构待遇支付部门依据待遇审核部门核定的相关项目、金额，及时支付给有关协议医疗（康复）机构或辅助器具配置机构。

5. 失业保险业务规程

（1）失业保险费征收程序

1）申报受理。参保单位需填报社会保险费申报表，并提供失业保险费代扣代缴明细表、劳动工资统计月（年）报表及经办机构规定的其他相关资料。

参保单位人员发生变化时，应按规定及时到经办机构进行人员变动缴费申报，填报参保单位职工人数增减情况申报表，并提供相关证明和资料，办理缴费申报手续，经办机构予以受理。

2）缴费核定。经办机构审核参保单位填报的社会保险费申报表及有关资料，确定单位缴费金额和个人缴费金额。在审核缴费基数时，可根据参保单位性质与其申报基本养老保险、基本医疗保险的缴费基数相对照。审核通过后，形成失业保险缴费核定汇总表，并以此作为征收失业保险费的依据。

3）费用征收。采取委托收款方式的，开具委托收款书，送“收入户存款”开户银行；采取其他方式征收的，以支票或其他方式实施收款。经办机构依据实际到账情况入账，开具基金专用收款凭证，并及时记录单位和个人缴费情况。

由税务机关征收失业保险费的地区，经办机构按月向税务机关提供核定的参保单位和参保个人的应缴费数额及其他相关情况，并根据税务机关提供失业保险费的到账信息，做入账处理。

（2）失业保险缴费记录程序

1）建立记录。经办机构负责建立参保单位及其职工个人基本信息及缴费信息。

参保单位记录的主要内容包括：单位编码、单位类型、单位名称、法定代表人或负责人、单位性质、组织机构统一代码、主管部门、所属行业、所属地区、开户银行账号、职工人数、工资总额、参保时间、缴费起始时间、缴费终止时间、单位应缴金额、个人应缴金额、单位实缴金额、个人实缴金额、单位欠费金额、单位欠费时间、个人欠费金额、个人欠费时间等。

个人缴费记录的基本内容包括：单位编码、单位类型、单位名称、姓名、性别、出生年月、社会保障号码（或居民身份证号码）、民族、户口所在地、用工形式、参加失业保险时间、个人缴费起始时间、缴费终止时间、缴费年限（视同缴费年限、累计缴费年限）、个人应缴金额、个人实缴金额、个人欠费金额、个人欠费时间等。

2）转出记录。参保单位成建制跨统筹地区转移的，转出地经办机构向转入地经办机构出具参保单位失业保险关系转迁证明，并提供转迁参保单位及其职工个人的相关信息资料。

参保职工个人在职期间跨统筹地区转换工作单位的，转出地经办机构向转入地经办机构出具参保人员失业保险关系转迁证明，并提供转迁职工个人相关信息资料。

3）转入记录。经办机构应及时为转入的参保单位及其职工个人接续失业保险关系。

转入地经办机构根据转入的参保单位的相关信息为该单位及其职工个人建立缴费记录。

城镇企业事业单位成建制跨统筹地区转移的，转入地经办机构根据转入单位提供的参保单位失业保险关系转迁证明、单位基本信息及缴费信息资料记录转入参保单位及其职工个人的基本信息和缴费情况。

参保职工个人在职期间跨统筹地区转换工作单位的，转入地经办机构根据转入职工个人提供的参保人员失业保险关系转迁证明、个人基本信息及缴费信息资料，记录转入职工个人的基本信息和缴费情况。

职工由机关进入企业或事业单位工作的，从工资发放之月起，所在参保单位应为其申报缴纳失业保险费。经办机构应按规定为职工个人核定视同缴费年限，建立缴费记录。

4）停保和续保记录。参保人员因出国（境）定居、退休、死亡等原因中断或终止缴费，经办机构根据变动信息，及时确认个人缴费记录，并将个人缴费记录予以注销或封存。

参保人员中断缴费后又续缴的，经办机构根据其所在单位提供的参保人员增加信息，并在确认以前其个人缴费记录信息后，继续进行个人缴费记录。

（3）失业保险待遇审核与支付程序

1）失业保险金审核与支付。失业人员失业前所在单位，应将失业人员的名单自终止或解除劳动合同之日起 7 日内报经办机构备案，并按要求提供有关终止或解除劳动合同、参加失业保险及缴费情况等材料。

失业人员应在终止或解除劳动合同之日起 60 日内到经办机构按规定办理申领失业保险金手续。失业人员申领失业保险金应填写失业保险金申领表，并出示以下证明材料：

• 本人身份证明。

• 所在单位出具的终止或解除劳动合同的证明。

• 失业登记及求职证明。

• 经办机构规定的其他材料。

• 经办机构自受理失业人员领取失业保险金申请之日起 10 日内，对申领者的资格进行审核认定。对审核符合领取失业保险金条件的，按规定计算申领者领取失业保险金的数额和期限，在失业保险金申领表上填写审核意见和核定金额，并建立失业保险金领取台账，同时将审核结果告知失业人员，发给领取失业保险待遇证件。对审核不符合领取失业保险金条件的，也应告知失业人员，并说明原因。

失业保险金应按月发放，由经办机构开具单证，失业人员凭单证到指定银行领取。

对领取失业保险金期限即将届满的失业人员，经办机构应提前一个月告知本人。

2）医疗补助金审核与支付。失业人员在领取失业保险金期间，可以按照规定向经办机构申领医疗补助金。

经办机构对失业人员按规定提供的相关资料进行审核，确认享受医疗补助金的资格及医疗补助金数额，并按规定计发。

3）丧葬补助金和抚恤金审核与支付。对失业人员在领取失业保险金期间死亡的，参照当地对在职职工的规定，对其家属发放一次性丧葬补助金和抚恤金。

经办机构对死亡失业人员的家属提出享受丧葬补助金和抚恤金的申请予以办理，并要求其出示下列相关材料：

• 失业人员死亡证明。

• 失业人员身份证明。

• 与失业人员的关系证明。

• 经办机构规定的其他材料。

• 经办机构对上述材料审核无误后按规定确定补助标准，并据此开具补助金和抚恤金单证，一次性计发。

学习单元 2　灵活就业人员参加社会保险

学习目标

1. 掌握灵活就业人员的范围。
2. 了解灵活就业人员参加社会保险的有关政策。
3. 掌握灵活就业人员的参保缴费手续。

知识要求

一、灵活就业人员的范围

灵活就业人员是指在劳动年龄内以非全日制、临时性、季节性、弹性工作等灵活多样的形式，实现就业或再就业的国有集体企业下岗失业人员、机关事业单位离岗人员、个体工商户及其雇工、自由职业者和其他城镇从业人员。

二、灵活就业人员参加医疗保险的有关政策

1. 已与用人单位建立明确劳动关系的灵活就业人员，要按照用人单位参加基本医疗保险的方法缴费参保。其他灵活就业人员，要以个人身份缴费参保。

2. 灵活就业人员通过劳动保障事务代理机构或社区劳动保障服务机构等实现整体参保。

3. 可从建立基本医疗保险统筹基金起步，首先解决灵活就业人员住院和门诊大额医疗费用的保障问题，也可为有条件的部分灵活就业人员同时建立个人账户和实行大额医疗补助。

4. 灵活就业人员参加基本医疗保险的缴费率原则上按照当地的缴费率确定。从统筹基金起步的地区，可参照当地基本医疗保险建立统筹基金的缴费水平确定。缴费基数可参照当地上一年职工年平均工资核定。灵活就业人员缴纳的医疗保险费纳入统筹地区基本医疗保险基金统一管理。

5. 根据灵活就业人员的缴费水平和缴费时间，参照当地基本医疗保险的待遇水平，确定相应的医疗保险待遇，并明确医疗保险待遇与缴费年限和连续缴费相挂钩的办法。对首次参加医疗保险的灵活就业人员，可规定其参加基本医疗保险到开始享受相关医疗保险待遇的期限。

6. 灵活就业人员按照基本医疗保险的规定选择定点医疗机构和定点药店，严格执行基本医疗保险用药、诊疗项目和医疗服务设施标准的有关规定。

三、灵活就业人员参加养老保险有关政策

1. 缴费方式

灵活方式就业的人员，在其参加养老保险后，按照省级政府规定的缴费基数和比例，一般应按月缴纳养老保险费，也可按季、半年、年度合并缴纳养老保险费；缴费时间可累积计算。

2. 缴费基数及比例

灵活就业人员参加基本养老保险的缴费基数为当地上年度在岗职工平均工资，缴费比例为20%，其中8%记入个人账户，退休后按企业职工基本养老金计发办法计发基本养老金。

3. 退休条件

在男年满60周岁、女年满55周岁时，累计缴费年限满15年的，可按规定领

取基本养老金。累计缴费年限不满 15 年的，其个人账户储存额一次性支付给本人，同时终止养老保险关系，不得以事后追补缴费的方式增加缴费年限。

能力要求

灵活就业人员的参保缴费手续

1. 初次参保者应携带以下资料到当地经办机构办理参保手续：

• 本人身份证。

• 户口簿。

• 当地社会保险经办机构规定的其他证件和资料。

2. 与企业解除劳动关系后续保人员应携带以下资料到当地社会保险经办机构办理续保手续：

• 本人身份证。

• 户口簿。

• 基本养老保险手册。

• 基本养老保险关系接续通知单。

• 当地社会保险经办机构规定的其他证件和资料。

街道社区在征得当地社会保险经办机构许可后，可以代理本辖区内灵活就业人员参加社会保险。

学习单元 3　城镇居民参加基本医疗保险

学习目标

1. 掌握城镇居民医疗保险的参保范围。

2. 了解城镇居民参加医疗保险的有关政策。

3. 掌握城镇居民的参保缴费手续及医疗费用报销结算手续。

知识要求

一、参保范围

不属于城镇职工基本医疗保险制度覆盖范围的中小学阶段的学生（包括职业高中、中专、技校学生）、少年儿童和其他非从业城镇居民都可自愿参加城镇居民基本医疗保险。

二、城镇居民医疗保险有关政策规定

1. 筹资水平

根据当地的经济发展水平以及成年人和未成年人等不同人群的基本医疗消费需求，并考虑当地居民家庭和财政的负担能力，恰当地确定筹资水平；探索建立筹资水平、缴费年限和待遇水平相挂钩的机制。

2. 缴费和补助

城镇居民基本医疗保险以家庭缴费为主，政府给予适当补助。参保居民按规定缴纳基本医疗保险费，享受相应的医疗保险待遇，有条件的用人单位可以对职工家属参保缴费给予补助。国家对个人缴费和单位补助资金制定税收鼓励政策。

（1）不实行待遇等待期人员的参保人员缴费的次月起即可享受城镇居民基本医疗保险待遇；实行待遇等待期人员的参保人员待遇等待期（6个月）期满后开始享受待遇。

（2）参保居民患病应持本人医疗保险证、卡在定点医疗机构就诊，如需住院治疗时，须持该医疗机构的入院通知书、本人医疗保险证、卡，经定点医疗机构医保办审核后住院治疗。定点医疗机构治疗有困难的，可以转往上一级定点医疗机构继续治疗。因病情需要转往外地定点医疗机构时，必须办理转诊转院审批手续。需要长期治疗的门诊大病，可在自己选择的定点医疗机构治疗。

（3）参保居民在定点医疗机构发生的住院费用，出院时个人只需与定点医疗机构结算由个人应负担的费用，基金应支付的费用由定点医疗机构与社会保险经办机构结算；经同意在非定点医疗机构发生的住院费用，出院时由个人全额垫付，凭有效发票、诊断证明、出院小结、医疗收费清单、医院等级证明等相关证明到社会保险经办机构按规定报销。

3. 费用支付

城镇居民基本医疗保险基金重点用于参保居民的住院和门诊大病医疗支出，有

条件的地区可以逐步试行门诊医疗费用统筹。

能力要求

城镇居民基本医疗保险参保手续

1. 符合条件的城镇居民可持本人身份证及复印件、户口簿、近期免冠照片 2 张到户籍所在乡、镇、街道、社区劳动保障工作平台以家庭（个人）为单位办理参保登记和缴费手续。

2. 全日制在校学生（含中小学、中等职业学校包括技工学校）的学生参保，由学校提供其学籍、户籍证明、照片，统一到所在县（区）医疗保险经办机构办理参保登记和缴费手续。

3. 城镇低保人员、丧失劳动能力的重度残疾人员和低收入家庭 60 周岁以上人员须提供民政部门或残联颁发的低保证、城市居民最低生活保障金领取证、残疾证以及其他证明材料，经乡镇街道、社区劳动保障工作机构审核确认后，办理登记参保手续。

4. 城镇居民参保后由家庭（个人）一次性足额缴纳一年的基本医疗保险费，缴费可在办理参保社区直接办理，也可到指定的银行办理。

学习单元 4　办理养老金和遗属津贴领取资格认证手续

学习目标

1. 了解办理养老金和遗属津贴领取资格认证的有关规定。

2. 能够为辖区内退休人员（含异地退休人员）办理领取养老金资格认证手续。

知识要求

一、办理养老金和遗属津贴领取资格认证的有关规定

2003 年中办发 16 号文件明确提出，街道社区劳动保障工作平台具有跟踪了解企业退休人员生存状况，协助社会保险经办机构进行领取养老金资格认证的工作内

容。随后，劳动和社会保障部印发的关于贯彻落实中办发 16 号文件有关问题的通知又将开展领取养老金资格认证工作作为街道社区劳动保障工作平台 4 项首要工作之一，并以劳社险中心函的形式再次加以强调，作了具体要求。2004 年，劳动和社会保障部印发了《关于对异地居住退休人员进行领取养老金资格协助认证工作的通知》（劳社厅发［2004］8 号），明确了异地居住退休人员领取养老金资格协助认证的办法、范围和认证程序。2007 年，外交部、财政部、人事部、劳动和社会保障部又联合印发了《关于出境定居离退休、退职人员办理健在证明有关问题的通知》（外领函［2007］35 号），对在境外及港澳台居住的退休人员领取养老金资格认证提出了具体办法。至此，面向全体企业退休人员进行领取养老金资格认证的工作机制已基本建立起来了。

二、异地居住退休人员领取养老金资格认证办法

1. 在国内居住异地退休人员领取养老金资格认证办法

（1）认证范围

异地居住退休人员是指已参加基本养老保险、退休后居住在非养老保险关系所在地的人员。对异地居住的享受遗属补助人员，其领取待遇的资格也可列入协助认证范围。

（2）工作职责

社会保险经办机构负责对所辖地区异地居住退休人员的资格协助认证工作进行管理和指导。协助认证工作以方便退休人员为原则，由退休人员居住地所在街道（乡镇）劳动保障工作机构负责办理；尚未建立街道（乡镇）劳动保障工作机构的，暂由退休人员居住地所在县（区）级社会保险经办机构负责办理，并指定专人负责。

（3）认证程序

1）认证时间。每年至少要开展一次异地居住退休人员领取养老金资格协助认证工作，具体时间可根据实际情况确定。

2）发出认证通知。异地居住退休人员养老保险关系所在地的社会保险经办机构在规定的认证截止日期前 60 日，以信函形式向退休人员发出认证通知，内容包括致退休人员的慰问信和异地居住退休人员领取养老金资格协助认证表（一式两份，以下简称“协助认证表”，见表 3—1）。慰问信中要告知退休人员本人持身份证、退休证和协助认证表到居住地所在街道（乡镇）劳动保障工作机构或县（区）级社会保险经办机构办理认证手续。

表 3—1　　　　　异地居住退休人员领取养老金资格协助认证表

发出认证请求地区社会保险经办机构联系方式（请求协助认证地区社会保险经办机构填写）					
单位					
联系电话			传真		
地址					
邮政编码			联系人		
退休人员基本情况（退休人员本人填写）					
姓名		性别		出生年月	
身份证号码			健康状况		
户口所在地地址					
现居住地址					
邮政编码			联系电话		
退休人员领取养老金资格协助认证情况（协助认证机构填写）					
退休人员状况			协助认证机构		
经办人		负责人			（加盖公章）
联系电话					年　月　日

3）办理认证手续。退休人员居住地的街道（乡镇）劳动保障工作机构或县（区）级社会保险经办机构对前来办理领取养老金资格认证的退休人员，要当面核对其身份证和退休证。经审核认定后，在协助认证表上加盖协助认证机构印章并签署经办人和负责人姓名。协助认证表一份存档备查，一份交退休人员本人。退休人员因年老体弱或患病，本人不能前来办理资格认证的，由本人或委托他人提出申请，居住地的街道（乡镇）劳动保障工作机构或县（区）级社会保险经办机构派人上门办理；退休人员死亡，或者发生下落不明、被判刑收监等情形的，由其亲属提供相关证明。在资格认证工作中，要发挥社区劳动保障协管员和退休人员自我管理、互助服务组织熟悉社区居住退休人员情况的优势，必要时可请他们协助核实有关情况。

4）反馈认证信息。办理资格认证后，退休人员本人或家属在规定时间内将协助认证表寄回养老保险关系所在地的社会保险经办机构。

5）认证结果处理。养老保险关系所在地社会保险经办机构在收到协助认证表后，进行认真复核，经审核确认退休人员仍具有领取养老金资格的，继续按时足额发放养老金。在限定期限内没有收到退休人员的协助认证表，暂停发放养老金，并再次向退休人员发函催办认证手续。退休人员发生死亡、下落不明、被判刑收监等情形，或经催办反馈了认证信息并被其养老保险关系所在地社会保险经办机构确认的，按照原劳动和社会保障部办公厅《关于进一步规范基本养老金社会化发放工作的通知》（劳社厅发［2001］8号）的有关规定，分别作出停发、暂时停发、补发并恢复发放养老金的处理。

2. 在国外及港、澳、台居住异地企业退休人员领取养老金资格认证办法

需要认证的企业退休人员到我国驻外使领馆办理，填写出境定居离退休人员健在确认表，该表上下两联，上联由驻外使领馆留存，下联由申请人提交国内有关部门。

申请人持本人有效护照、居留证和离退休证到我国驻其居住国使领馆申办并填写健在确认表。领事官员审核认定后，在表上加盖使领馆印章（设有领事部的使馆可使用领事部印章）。

申请人因年老体弱或路途遥远等原因，不能亲自前往使领馆申办，可委托他人代为办理。代理人须提交本人有效护照、居留证和申请人有效护照、居留证和离退休证的复印件及委托证书（无委托证书的，可提交申请人书面委托及信誉可靠的华侨华人社团证明）。连续3年委托他人代为办理的，第4年原则上由申请人自行到使领馆办理一次。

对居住在尚未与我国建交国家的申请人，由我驻该国有关机构或有关代管馆办理。

能力要求

一、本地区退休的退休人员领取养老金资格认证手续的办理

1. 了解政策。学习社会保险经办机构下发的领取养老金资格认证工作的有关要求，掌握本次认证的范围、时间和办法。

2. 制订计划。制订领取养老金资格认证的工作计划，明确每个步骤的时间进度。

3. 开会布置。召集自我管理和互助服务组织小组长开会，布置认证工作，提出要求，并向他们发放领取养老金资格认证表。

4. 上门认证。亲自或与自我管理和互助服务组织小组长一起，通过走访、慰问等形式，对行动不便的企业退休人员进行领取养老金资格认证。

5. 填写回收认证表。督促各自我管理和互助服务组织按照规定时间进行填表、回收工作。

6. 审核认证表。逐份审核回收的领取养老金资格认证表，没有按照要求填报的，由自我管理和互助服务组织小组长转退休人员进行重新填报。

7. 补办手续。对于未按要求进行认证的，如找不到退休人员本人，及时与其子女或联系人取得联系，了解退休人员情况，通知其尽快补办认证手续。

8. 上交报告。按照上报时间，将回收的领取养老金资格认证表上报街道劳动保障工作机构，并对资格认证情况进行书面报告。要说明已办理认证人数、未办理认证人数、未办理认证的原因以及需要二次认证的人数。街道劳动保障工作机构对每份领取养老金资格认证表进行确认后，盖章上报社会保险经办机构。同时，以书面形式报告本街道进行领取养老金资格认证情况。同样要说明已办理认证人数、未办理认证人数、未办理认证的原因以及需要二次认证的人数。

二、异地退休的退休人员领取养老金资格认证手续的办理

1. 企业退休人员本人办理

企业退休人员本人前来办理的，按以下程序办理：

（1）审核资料。街道劳动保障工作人员接待前来办理异地领取养老金资格认证手续的退休人员，审核其携带资料是否齐全，不齐全的主动告知退休人员。核对退休人员身份证和退休证。核对资格认证表相关信息与退休人员身份证和退休证是否一致。核对退休人员填写是否符合要求，是否用钢笔或签字笔填写，是原件还是复印件。

（2）签字确认。审核认定后，在协助认证表上加盖街道劳动保障工作机构印章并签署经办人和负责人姓名。

（3）建立台账。建立异地居住退休人员领取养老金资格认证办理情况台账。

（4）定期上报。定期将办理异地居住退休人员领取养老金资格认证情况书面报告社会保险经办机构。

2. 退休人员委托他人办理

退休人员委托他人前来办理的，按以下程序办理：

（1）了解基本情况。接待退休人员委托人，查看委托人身份证件，了解异地居住退休人员不能前来办理的原因，询问异地居住退休人员联系电话和家庭地址并作记录。

（2）预约上门。与异地居住退休人员居住所在社区劳动保障工作人员联系，确

认异地居住退休人员家庭住址并预约上门时间。

（3）上门办理。与社区劳动保障工作人员一起，或委托其上门为退休人员办理认证手续。核对退休人员身份证和退休证，必要时，帮助填写资格认证表。

（4）签字确认。回收异地居住退休人员资格认证表，审核确认后，加盖街道劳动保障工作机构印章并签署经办人和负责人姓名。由社区劳动保障工作人员将盖章后的资格认证表中的一份，交还退休人员本人。

（5）建立台账。建立异地居住退休人员领取养老金资格认证办理情况台账。

（6）定期上报。定期将办理异地居住退休人员领取养老金资格认证情况书面报告社会保险经办机构。

注意事项

1. 异地居住企业退休人员领取养老金资格认证工作只能由街道劳动保障工作机构负责办理，社区劳动保障工作人员可协助完成上门办理、核实人员等工作。

2. 与企业退休人员接触时，要注意语言、行为和态度，尽量争取他们的理解，心情愉快地配合其完成工作。

学习单元5 办理申领丧葬补助金和遗属津贴的相关手续

学习目标

1. 了解享受丧葬补助金和遗属津贴的有关规定。
2. 能够为死亡退休人员的家属办理申领丧葬补助金和遗属津贴的相关手续。

知识要求

享受丧葬补助金和遗属津贴的有关规定

目前，一般地区向退休人员提供的丧葬事务服务主要是指为其配偶、子女申领丧葬补助金和遗属津贴。退休人员死亡，其家属可申领丧葬补助费和遗属津贴。丧葬补助费一般按上年度当地职工月平均工资2～6个月计发。遗属津贴有两种，一种是一次性抚恤金，另一种是对符合供养条件的退休人员配偶、子女等遗属，每人每月发放的生活困难补助费。遗属津贴总额不得超过死者生前的退休金。丧葬补助金和遗属津贴的项目和标准多参照当地职工因病死亡的有关待遇规定办理，各地规定有所不同。参加基本养老保险的退休人员，上述待遇由社会保险基金支付。未参保的退休人员，由其生前所在单位支付。

《关于进一步规范基本养老金社会化发放工作的通知》（劳社厅发［2001］8号）提出，已纳入社区管理的离退休人员死亡后，其亲属和户籍所在地（或常年居住地）的街道社区服务组织要在 7 日内向负责支付其基本养老金的社会保险经办机构报告；尚未纳入社区管理的离退休人员死亡后，其亲属要在 3 日内向死亡者原单位报告，原单位应在 4 日内向社会保险经办机构报告；异地居住的离退休人员死亡后，其亲属要在 7 日内向负责支付其基本养老金的社会保险经办机构报告。社会保险经办机构在接到报告并审核死亡证明材料有效后，应及时办理支付丧葬补助等项费用的手续。

能力要求

死亡退休人员家属丧葬补助金和遗属津贴相关手续的办理

1. 了解相关信息。了解到退休人员死亡消息后，查看死亡退休人员基本信息库（卡），初步了解其家庭及供养人情况。

2. 告知权利。上门告知死亡退休人员家属、亲属或供养人享受丧葬补助金和遗属津贴的有关政策规定，发放待遇申请表。向其家属详细说明待遇项目以及申领条件和手续，避免申领时材料缺失或不合格。并告知其开具当地规定形式的退休人员死亡证明。对不符合申领条件的，要做好解释工作。

3. 上报证明材料。退休人员死亡后 7 日内，将死亡退休人员家庭情况和死亡证明报社会保险经办机构。

4. 申领丧葬补助金。根据退休人员家属的委托，持退休人员死亡证明或公安部门注销户口证明，到社会保险经办机构办理该退休人员的养老保险关系注销和丧葬补助费申领手续。

5. 申领遗属津贴。持退休人员家属提供的书面申请（或申请表）、死亡证明或公安部门注销户口证明、供养关系证明等相关材料，到社会保险经办机构办理申领手续。

6. 告知申领结果。申领手续办理完毕后，要及时将申领待遇情况告知退休人员家属。申领材料不符合社会保险经办机构要求的，要指导退休人员家属进行补充。

注意事项

1. 上门核实情况时，切忌使用较为生硬及刺激性的语言，做好死亡退休人员亲属安慰工作的同时，技巧性地了解其家庭情况。

2. 办理丧葬补助金和遗属津贴相关手续一定要按照时间规定完成，及时让死亡退休人员亲属享受到相应待遇。

3. 要严格执行丧葬补助金和遗属津贴申请的有关规定，对所有人员一视同仁，不可厚此薄彼。

思考题

1. 就业登记和失业登记的基本内容有哪些？
2. 再就业优惠证的发放对象和发放工作的基本程序是什么？
3. 小额担保贷款工作中，劳动保障协理员要做哪些工作？
4. 灵活就业人员社保补贴的工作程序有哪些？
5. 社会保险经办工作环节有哪些？
6. 灵活就业人员参加社会保险有哪些政策规定？
7. 如何为企业退休人员办理领取养老金资格认证？